張之洞

十

唐浩明 著

岳麓書社

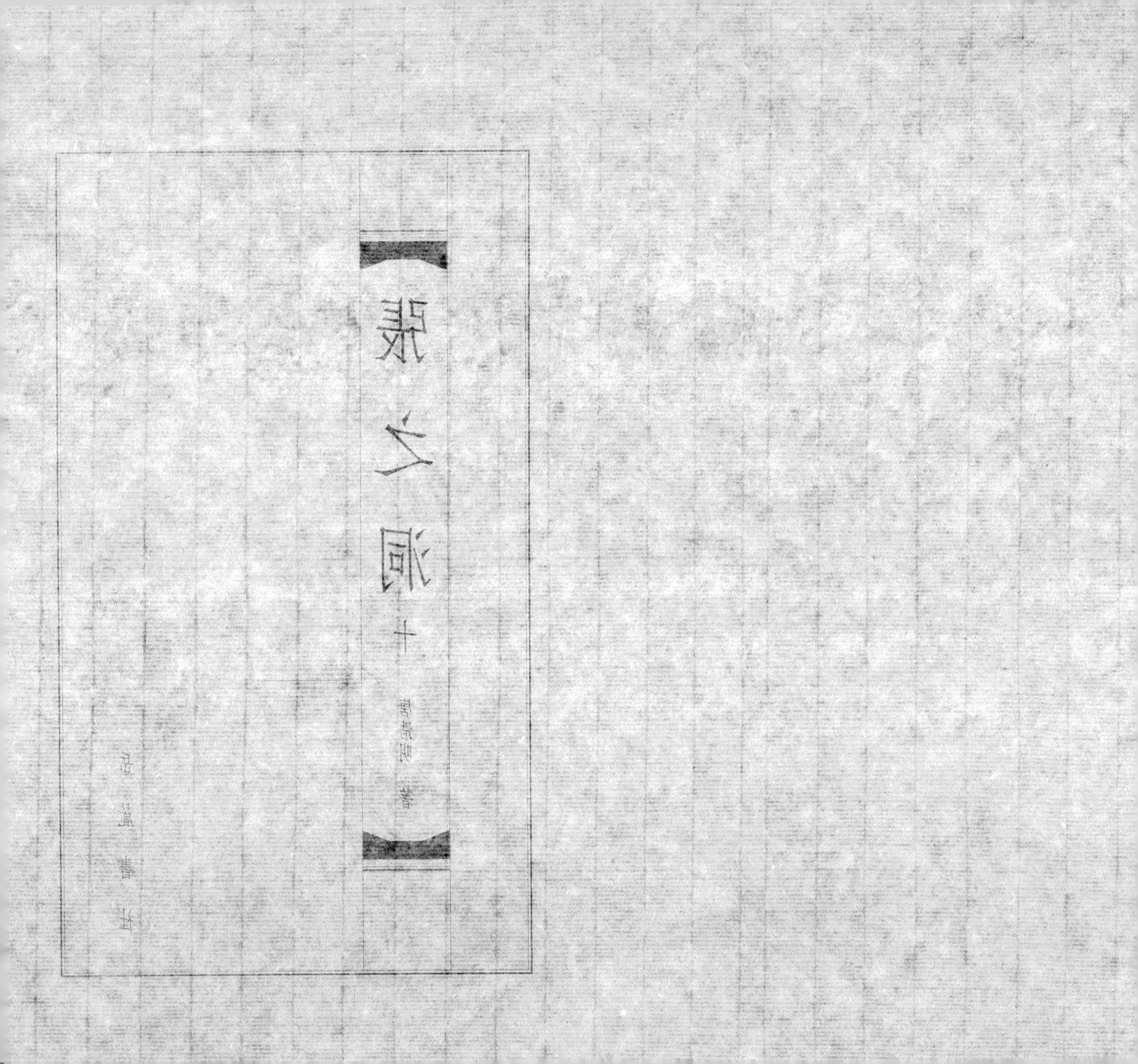

第二十章　後院起火

一　一心要破譯蝌蚪文的張之洞，給京師學界留下一個千年笑柄

張之洞進京後，住在靠近兒子家旁邊的實慶衚衕。第三天，太后便安排召見。養心殿東暖閣，分別二十一年後君臣再次見面，張之洞見太后雖著力打扮，却依然掩蓋不了臉上的皺紋、頭上的白髮。慈禧眼中的張之洞則更是瘦削矮小，鬚髮盡白，儼然一個衰翁。彼此都有滄桑之感。當張之洞一聲『太后受苦了』的話剛説出口，慈禧便忍不住失聲哭起來。

庚子年的動亂，似乎使一生剛强的慈禧變得脆弱多了。回鑾一年多來，每當一人獨處，她就會無端想起倉皇出逃宫門時的驚恐，想起西行途中的顛沛流離，想起洋人欺負百姓指責時的恥辱。噩夢似的流亡日子，雖已過去多時，但餘悸至今尚在心頭存留，揮之不去，間時又來。

她變得膽小了，害怕孤獨，害怕黑夜，甚至害怕爆竹聲。她的心腸比先前也要軟多了。她不但給袁昶、許景澄等人恢復了名譽，也對皇帝和氣得多了。她甚至命令崔玉貴將珍妃的屍體從井裏打撈出來，予以隆重安葬，追封她爲皇貴妃；還讓身邊的小太監半夜代她給珍妃的亡靈燒紙錢，求冤死的珍妃寬諒她。

外省督撫來京陛見，衹要説起庚子逃難，她就忍不住要流淚。對於那些聖眷較濃的大臣，她甚至會失態大哭，絮絮叨叨地對他們説個不休。

太后變了，變得愈來愈像個普通的民間老奶奶，與過去那個冷酷、威嚴、無任何忌憚的老佛爺相比，有了很大的不同。這個不同，不但她身邊的太監、宫女感覺明顯，那些時常與她接觸的王公大臣也看出來了。當慈禧不厭其煩地與張之洞談光緒七年前的瑣事，而對洋務新政所説並不多的時候，張之洞也在心裏發出一聲輕微的感嘆：太后老了！

見過太后的第二天，便有好事人作了一首詩來記叙他們的這次見面。詩曰：

京闕重逢聖恩稠，少年探花已白頭。
説到倉皇辭廟日，君臣掩面淚長流。

張之洞聽説後，胸中泛出一股淡淡的哀傷來。他的這種哀傷，在以後的日子裏越來越濃。他去看望姐姐和姐夫，鹿傳霖夫婦也老了。他去看望二十餘年前的清流朋友們，他們大多官運蹇滯、境况窘迫。在弔唁王夫人的哥哥王懿榮時，心情更是蒼凉。庚子年洋兵打進北京時，國子監祭酒王懿榮率領一班熱血學生執刀守衛城門。城破後，王懿榮懸樑自盡。前一年，王懿榮剛以發現刻於龍骨上的商代甲骨文而轟動學術界。如今，慷慨報國、殺身成仁的王懿榮的道德學問贏得官場士林的高度讚許。國子監特在監內的韓文公祠裏，爲王懿榮掛了一幅遺像，希望他千秋萬代享受監生們供獻給他的血食。張之洞在國子監裏讀到王懿榮的臨難絶筆，參拜他的風骨凜凜的遺像，敬仰與悲嘆交織，揮筆爲國子監師生留下一首悼詩：

戟門階下緑苔生，鳳翥鸞翔老眼明。
人紀未淪文未喪，巋然石鼓兩司成。

他又到磨兒衚衕看望潘祖蔭舊宅，到西山憑弔寶廷的墓。當年京師清流的詩酒文會，臧否朝政，

▼

第二十章　發哀點火

▲

一六三〇
六二六

是何等意氣風發，如今，人既早已凋零殆盡，舊事也鮮有人再提起，彷彿灰飛煙滅、風流雲散似的。面對着潘祖蔭屋檐間的青苔、寶廷墓上的宿草，前詹事府洗馬神色黯淡，恍然有隔世之感，一首淒婉七絕從心底裏流淌出來：

翰苑曾記清諫風，至尊能納相能容。
楓林留得愁吟在，樂長疏星獨聽鐘。

接下來的經濟特科更讓它的主考大人心傷氣沮。

有清一代人才選拔的途徑都是科舉考試，即通過從府試到鄉試到會試到殿試的層層考試，每三年錄取百餘名進士，分發朝廷各部門及各州縣。除開這種考試外，還有一種由朝廷直接主持的考試，名爲制科。制科也是一種歷代相傳的選拔人才的方式。

清代的制科有康熙十八年、乾隆元年舉行的以詩文爲主的博學鴻詞科，另有間或舉行的以孝行爲主的孝廉方正科，以經學爲主的經學科。鑒於時局阽危急需實學人才，朝廷接受貴州學政嚴修的建議，舉行以經濟爲主的經濟特科，命各部院堂官各省督撫推薦，各部省共薦舉三百七十餘人，定於光緒二十九年閏五月舉行，委派張之洞爲主考，另委裕德、戴鴻慈等人爲閱卷大臣。張之洞極爲看重這次選拔真才實學的制科考試，嚴格督促所有閱卷官員，盡心盡力爲國掄才。第一場考試後放榜，錄取一等四十八名，二等七十九名。不料張榜後沒有幾天就有人舉告，說一等第一名梁士詒，是梁啓超的兄弟，其姓名的第三字「詒」與康有爲的表字祖詒同字，經濟特科第一名取梁士詒係別有用心。梁士詒是廣東三水人，梁啓超是廣東新會人，連同族都不是，更不是兄弟。至於說「詒」字相同，便有聯繫，尤爲荒唐不經。這本是一個一文不值的舉報，卻讓對康梁又恨又怕的慈禧見了惱怒不已，即行否

決這一榜，命令再次考試重新錄取。張之洞捧着這道慈諭，真是哭笑不得。他不明白，太后怎麼會懵懂膽怯到這等地步？他沒有別的法子，祇得遵命再考再錄，但「爲國掄才」的初衷經此折騰，已消失殆盡了。

因爲有這場無端風波雜夾其間，使得這次經濟特科完全流於形式，再次考試錄取的八十多名人才，十之八九沒有安置，依舊回到原地做原事，極少數得到安置的也沒有受到重視。一場準備了五六年、爲天下士人所矚目的制科，便這樣兒戲般地散場了。人才沒有得到，得到的是一片恥笑聲。一生以主考學政甄拔人才爲榮的張之洞，首次主持全國大考，便落得這個結果：身負謗名，替人受過。張之洞的心情鬱悶極了。他巴不得早點離開京師，回到洋務事業正在如火如荼開展的武漢三鎮去。誰知一道上諭頒佈，命他繼續留下，和管理學務大臣張百熙一道擬訂京師大學堂的辦學章程。

張之洞祇得硬着頭皮領旨。

這是一件軟差事，時間可長可短，事情可多可少，標準可高可低。這位湘人張百熙是個病號，又因戊戌年間薦舉康有爲而受過革職處分，年紀雖不大，卻早已滋生遲暮之氣。他視這個差事爲閒職，並不當一回事。急性子張之洞找過他幾次，他都以拖拉延宕來對付，弄得張之洞毫無辦法，祇得強壓住性子在京師閒住下來。

天氣不好心緒不佳的時候，他便在寶慶衚衕寓所讀書，溫習過去的詩文。天氣好心緒佳的時候，他帶着大根，僱一輛騾車，一一尋訪先前常去的地方，比如達智橋內的松筠庵，宣武門外的法源寺，城南的龍樹寺、崇效寺、江亭，西山的碧雲寺等等。這些地方，曾是京師清流喜愛的聚會遊覽之所。二十多年後的再度尋訪，給張之洞的印象都不是當年那種令人喜悅的氣氛。房屋老舊，庭院破缺，花

木殘損，尤其是那些遭到洋兵破壞的地方，則更是墻頹壁污，至今仍未恢復元氣。這些先前的名勝，『前度劉郎今又來』的時候，大半都是乘輿出門掃興歸家。這時，恰好有一個舊時友人正在北京候職。此人也是没有事做的空閒之身，於是便常來寶慶衚衕與張之洞談詩説文，共消寂寞。他便是近代詩壇名流樊增祥，字樊山，其父便是那位曾遭湖南師爺左宗棠侮辱的總兵樊燮。

樊燮被參削職回籍後恨死了左宗棠，立志要讓兩個兒子讀書求功名，在科舉上壓倒舉人出身的左師爺。爲此，他專門築一室，讓兩個兒子在裏面讀書，兒子均着女裝。又不惜花重金聘名師教授，對老師更是優禮有加。樊燮對二子説：『考中秀才，除女外衣；考中舉人，則功名與左宗棠相等，則去女內衣；考中進士，則超過了左宗棠，方爲祖宗孝子。』又書左宗棠當年罵他的『王八蛋』三字，放在祖宗牌位下，以示激勵。後來其長子中舉人，次子中進士。中進士後回家那一天，次子在父親墳頭上放鞭炮，燒『王八蛋』三字，祭告乃父：兒子已在功名上超過左宗棠，爲祖宗出了氣。這個次子，便是樊增祥，字樊山，人稱樊山先生。

樊燮父子卧薪嘗膽般地報左宗棠之仇，在湖北廣爲流傳。張之洞來到武昌做湖督時，樊增祥已放陝西宜川縣令，恰逢母親去世，便回籍守制。張之洞招他來武昌會面。相見之後，張之洞發現這個身材瘦小臉面扁平的醜縣令不僅學問好，且詩也做得極爲出色。樊樊山既佩服張之洞的學問，更希望依附張之洞的高位，便向張之洞遞了一個門生帖子。張之洞很高興地收下了。守制期間照例不能做官，也便没有了薪水，對於家境不够寬裕的人來説，生計則受影響。樊樊山家銀錢也不寬裕，於是張之洞介紹他主講潛江書院。樊樊山感激制臺的照顧。服闋後，樊重新回到陝西做官。後來鹿傳霖做陝撫，因爲有與張之洞的關係，與鹿也相處得好，又通過鹿巴結上西安將軍榮祿。樊樊山辦事

第二十章　後院起火

精明，又仗着鹿、榮的關係，不久便升道員。公事之餘，他把全副精力用於詩詞中。庚子變故後，他根據賽金花與瓦德西之間的關係，寫了兩篇長長的古風。賽金花本名傅彩雲，於是這兩篇古風遂命名前後《彩雲曲》，其中比如『姑蘇男子多美人，姑蘇女子盡瓊英。水上桃花如性格，湖中秋藕比聰明』，『身是輕雲再出山，瓊枝又落平安里。綺羅叢裏脱青衣，翡翠巢邊夢朱邸』，又如『朝雲暮雨秋變春，坐見珠槃和議成。一聞紅海班師詔，可有青樓惜别情』，綺事艷詞，傳誦大江南北，世人比之爲吳梅村的《圓圓曲》，更有人視同白香山的《長恨歌》。一時間，樊樊山詩名大熾，寖寖然直逼詩壇盟主之位。

這時，他正在京師辦一樁公務，恰逢陝西按察使出缺。他眼睛瞄準這個位置，有意藉此機會活動活動。便以公務短時難以辦好爲辭，在京師住下來。一面往來榮祿、鹿傳霖之間，一面又時常到寶慶衚衕來，一則盡門生之情，一則也想藉這位太后跟前的紅人之口爲他説説話。

閒居無事的張之洞有這樣一個風雅門生陪伴，無聊的歲月裏增添了一些樂趣。樊樊山陪張之洞去得較多的地方是廠甸。廠甸在宣武門外，從元代起，這裏便是燒琉璃瓦的廠窑，故又稱琉璃廠。乾隆年間開四庫館，全國書籍、四方文人聚會京師，琉璃廠一帶書肆繁榮，又由書肆帶動了古玩業的興盛。到了咸豐年間，此地已是一個十分熱鬧的場所了。

琉璃廠以經營書籍、字畫、文房四寶、珍寶古董、陳年舊貨爲主，吸引四面八方的文人學士、附庸風雅之徒。外地進京趕考的士子、辦事的官員，有事没事都喜歡到琉璃廠走走逛逛，在這裏感受一下都門文化的氣息。

樊樊山陪着張之洞遊琉璃廠。兩人原本都其貌不揚，一人尖嘴猴腮，一人面如削瓜，這下脱去官

服朝靴，換上布衣葛巾，就更不起眼了：年長的如同書院的窮教習，年輕一點的好比文廟中的香火工。這種時候，他們無官宦之氣焰，有書生之好奇心，又加之久别京師，書肆老闆没有一個認得他們，更顯得優哉遊哉，逍遥輕鬆。

這一天，他們來到琉璃廠東街海王邨。海王邨的店鋪多擺的是古董古玩，老闆也大多爲古物鑒賞家。他們低價從各處收購古物，再高價賣出。老闆的鑒别力愈高，獲利則愈豐。常常也有些落魄王孫、遭難官員、不務正業的公子，爲紓一時之急，將家中祖傳的珍寶典當，也有江洋大盗、樑上君子打劫偷摸富貴人家的財産，或不識深淺，或急於脱手，也拿到此處來找店主兜售。遇到這種情況，往往是獲暴利的絶好機會。

張之洞、樊樊山慢慢地閒逛着。這海王邨果真氣度不凡！

但見家家店鋪擺滿各式各樣的古舊之物。有先秦的青銅鼎爵簠匴，黄褐色的銹斑佈在青緑的器皿上，透露出遠古貴族聚會時凝重肅穆的氣象。有春秋戰國時的劍戟弩矛，黑黝黝的殘缺不全，留下那個無義戰時代殘酷殺戮的痕跡，可以想像到古戰場上的你死我活、白骨纍纍。大大小小五顔六色的唐三彩，或是高大駱駝上騎着凹目濃鬚的胡商，或是揚蹄欲奔的鐵馬上一邊懸掛着皮囊劍鞘，一邊横躺着琵琶羌笛，盡情展示大唐盛世時漢胡一家四境安夷的强大國力。或是琳琅滿目的宋明瓷器，要麽古拙天成，要麽鬼斧神工，有的彩釉鮮亮，有的青花素樸，有的白浄如玉，有的胎薄如紙，從中可以看到舉世無雙的窑瓷品已遍及尋常百姓家。

那上面的標價，有的高達數千上萬兩，也有的低到幾文十幾文。當然，所有的物品都可以討價還價，正所謂漫天要價，就地還錢，當面敲定，出門不認。出價和成交之間的差額有數倍數十倍之别，

令人難以置信。這討價還價中便有極大的學問。除開商業學問外，更重要的是考古鑒賞方面的高下。那些具備識真辨假，有着火眼金睛般本事的客人，也能在一大堆贋品中將真正的古董認出來，然後跟那半桶水的老闆打馬虎眼，用買贋品的價把真品買下來，回去後博得行家的稱讚、同好的羡慕，心裏美滋滋、樂融融的，很長一段時間裏都會有一種好心情。這便是玩廠甸逛海王邨的樂趣。

張之洞、樊樊山也便抱着這種心態一路欣賞着、搜尋着，來到一家名曰厚古閣的古物店面前。張之洞立即被這家店鋪收購的古玩種類多、品級高而吸引。正在蹺起二郎腿捧着一把銅水煙壺吸煙的老闆，見有客人來，忙起身打招呼，又吩咐店小二泡茶，端凳子。老闆陪着張之洞、樊樊山看了前店的貨物後，又將他們從側門帶進裏面的後院。這後院同樣擺滿了貨物。張之洞看着看着，突然，擺在廊柱邊的一口大陶缸引得他眼睛猛地一亮。衹見這隻陶缸約有三尺高，呈方形，周邊也有三尺來寬，顔色深黑褐色，模樣古樸渾拙。尤其令張之洞大感興趣的，是那陶缸四壁上若隱若現、似字非字的圖紋。

張之洞彎下腰來，細細地觀看賞玩，又用手輕輕地在缸壁上摩挲着。驟然間，他心裏一亮：這上面的圖紋不就是古書上説的蝌蚪文嗎？

心裏有了這個想法，再凑近看時，似乎覺得缸壁上那一個個圖紋都化成了一隻隻蝌蚪：頭大尾小，摇摇擺擺，正在眼前浮動着嬉戲着。蝌蚪文究竟有還是没有，兩千多年來學者們争論不休，莫衷一是。之所以如此，就是因爲没有找到一個確鑿的證據來。想不到今天居然無意之間被自己發現了！張之洞心中的快樂非同小可。他將歡喜壓在心裏，小聲地對同樣也在認真觀看的樊樊山説：『你看圖紋像什麽，像不像蝌蚪文？』

樊樊山也是衹知道有這種古文字，却從來没見過，經張之洞這一提醒，果然覺得這些圖紋也真的

和蝌蚪差不多：『哎呀，這怕真的就是失傳了的蝌蚪文！』

張之洞聽樊樊山這麽説，信心又堅定了幾分，笑着問：『你也是這麽看的？』

樊樊山詩詞寫得好，對古董却没有研究，若不是張之洞的提醒，他是不會將這些圖紋往蝌蚪身上去想的。他一則知道張之洞素來耽古好舊，對文物有研究，二來也要討好這位權勢顯赫的老師，於是點頭答：『您的眼力是很好的，我看八成是蝌蚪文。』

厚古閣老闆將這一切都看在眼裏，聽在耳中，這時插話了：『二位老爺真正目光超人，莊王府算是遇到知音了！』

樊樊山聽了這話驚道：『你這話從何説起，莫非這口缸是莊王府裏的東西？』

老闆説：『你這位老爺説的正是。這陶缸正是莊王府之物。半個月前，王府長史帶人將這口缸擡到小人這裏，説是王府急用一批銀子，萬不得已將祖上的傳家寶拿來出賣。兩位老爺知道，自從庚子年莊王爺壞事後，莊王府就敗落下來了，這兩年常聽説王府在廠甸典當什物的。説起來也讓人寒心，當年煊赫一時的莊王府，如今却要靠賣家當過日子。子孫不賢，祇好喫老祖宗了。』

老闆説得動起真感情來，眼圈都紅了。他擦了擦眼睛，繼續説：『我瞧着這口陶缸，不像是近時的物品，便問王府長史，您説這口缸是府裏的傳家寶，它寶在哪裏。長史説，這是當年莊慎親王在西北打仗的時候，當地一位回回首領敬獻給他的。這位回回首領家裏保存這口缸已有三百多年的歷史，老輩一代代傳下來，説是大禹治水時留下的水缸，上面的圖紋是祈求上天平洪賜福的禱文，但没有人認識。回回首領對莊慎親王説，中原多博學之人，帶到京師去或許會遇到能識禱文的奇人。莊慎親王帶回京師王府，這一傳又是一百多年了，一直没有遇到能辨識的人。王府缺銀子用，祇得把它拿出來變賣。小人問王府長史，要賣多少銀子。他説五千，低於此數不賣。小人説，我這海王邨常有奇才異學的人，儻若有能識這禱文的，是否可以降價賣給他。王府長史説，若果真有這種人，莊王府願半價出售。』

樊樊山説：『那就是二千五百兩銀子了？』

老闆點頭説：『正是。』

樊樊山望着張之洞笑了笑，張之洞仍在專注於四壁上的蝌蚪文，似乎想立時破譯幾個字出來。聽了老闆的話，擡起頭來説：『這口缸的確是個遠古之物，祇是二千五百兩銀子，却難以籌措。』

聽這口氣，張之洞是想買下來了。樊樊山便對老闆説：『我這老師，一生以舌耕爲業，對古物鑽研甚深。他想把這口缸買回家，細細揣摩，把這篇禱文給認出來。你降點價如何？』

老闆看了看樊樊山，又看了看張之洞，説：『小人一家三代經營古董業，小人自己也做了二十多年古董買賣，多少懂得點，有點見識。看得出，兩位老爺是博學多識的君子。説句實話，莊王府的這口陶缸，在這裏擺了半個月，識它是個遠古之物的人倒有幾個，但能判定圖紋是蝌蚪文的還祇有兩位老爺。若兩位老爺買回去，將這蝌蚪文辨識出來，也是一大功德。小人喫了三代古董飯，也樂意爲此効點微力。既然兩位老爺願意買，小人願代出五百兩，這口缸就兩千兩賣給二位了。』

張之洞心裏暗暗想着：二千兩銀子買一口禹王爺時代的陶缸，這事做得。何況這上面的蝌蚪文，多看幾眼後，仿佛面熟多了，若帶回去，朝夕觀看，日夜揣摩，説不定真可以把它破譯出來哩。四五年前，王懿榮發現甲骨文的事，在士林中引起轟動，對張之洞而言，更是一種震撼。

翰林出身的前清流柱石，骨子裏仍把學問上的事看得最爲神聖崇高。他從心靈深處佩服內兄這個了不起的發現。想想看，殷商時代刻在龜板牛骨頭上的文字居然給發現出來了，這可以從中挖掘多少

寶貴的秘密，以此糾正史書上多少錯誤，中國的文字史因此而提前多少年？這種貢獻，簡直可以和發現孔宅墻壁中的古文《尚書》相比美，其功勞決不是開疆拓土、平叛止亂所可比擬，更遠遠地高過那些經師的著述、文人的詩詞。就是自己這十多年來所引以自傲的諒山大捷、洋務局廠，在內兄的這個發現面前，也顯得黯淡無光。要説偉大，這纔是偉大；要説名垂千古，這纔是名垂千古！多麼幸運的王懿榮，老天爺將這個曠世奇功慷慨地贈予了他！

張之洞想，如果這陶缸上的圖紋真的就是蝌蚪文，如果自己真的將它辨識了出來，那豈不也和王懿榮發現甲骨文一樣的偉大，一樣的名垂千古嗎？是不是老天爺也要讓我張某人變成建曠世奇功的幸運人！

張之洞越想越激動，越想越興奮，真恨不得立刻就將這口陶缸移到寶慶衙衕。但是，二千兩銀子，從哪裏去凑齊？將寓所裏所有銀錢拿出來，還凑不出一千兩，即便到姐夫兒子處去借，也不能開口太大，頂多再凑五百兩。張之洞在猶豫着。一隻手在缸壁上摸來摸去，那模樣，像是在撫摩即將遠去再也不能見面的小兒女的臉蛋似的，戀戀難捨，依依情深。

張之洞對陶缸的寶愛，毫無掩飾地寫在他的臉上和手上。這情景被厚古閣的老闆看在眼裏，喜在心頭。他指着樊樊山説：『聽您這位老爺的口音像是南方人，不知二位是在京師做官的，還是來京師辦事的？』

張之洞説：『我們是來京師辦事的，帶的銀子不多。這口陶缸雖然好，却買不起。』

老闆説：『請問老爺您能拿得出多少銀子？』

張之洞思忖一會兒説：『大概能凑千把兩吧！』

老闆爽快地説：『看得出兩位老爺都是上了年紀的實誠君子，又是真正的識貨人。給二位老爺説句掏心窩的話吧，我們開古董店的，也是商家之列。不是小人誇口，我輩雖不能稱爲儒商，却也不是奸商，我們做的是風雅生意。』

張之洞、樊樊山都笑了起來。樊樊山問：『何謂風雅生意？』

老闆笑了笑説：『世間商人都以贏利爲目的，所以奸巧乖滑，常常會弄些坑蒙拐騙的手腕。但我輩做古董生意的不這樣。我們一來是爲了餬口，因此也要賺錢，但一半是好古。看到好的古物便想收購，生怕它淪落消亡，化爲泥土。若是眼看着一件有價值的古物被毁了，心裏有罪過之感。所以常常不惜用高價將它買來。買的時候，也不知今後它能不能賣得出去，賺不賺得到錢。一句話，那個時候，作主的不是賺錢的心思，而是厚古惜古的念頭，這就是小店以「厚古」二字作爲店名的原因。』

老闆説着，將下巴上疏疏朗朗的鬍鬚摸了一下，擺出一點儒雅的氣度來。

『這是一面。另一面，若是有真識貨的買主來，看着他對所愛之物情深意厚，但又囊中羞澀，拿不出多少錢來的時候，我輩又往往忍痛降價，半賣半送。雖在錢上虧了些，但看到物歸其主，心裏也就很快樂。故而我輩做的是風雅生意！』

張之洞説：『風雅生意，這四個字好。不止是你們古董業，其實整個廠甸，包括做字畫生意、做文房四寶生意，都應做風雅生意！不要以牟利賺錢爲惟一的追求！』

『説得好！』老闆做出一副豪爽的北方漢子氣派來説，『這位老爺，您真是我輩的知音。看在您的這份情義上，祇要您再拿出二百兩，一千二百兩，小人就把這口禹王爺傳下來的陶缸交給您了。這就是小人方纔説的半賣半送。希望藉兩位老爺的口傳出去，使大家都知道，我厚古閣做生意半賣半送，

不是一句空話。』

樊樊山心裏想：從五千兩降到二千五百兩，再降到二千兩，現在又一千二百兩都願意出手，俗話説便宜無好貨，莫非這中間有詐？他死勁地將眼前的陶缸再盯着看：造型古樸渾拙，從陶色看，也像是年代久遠，尤其是那上面的蝌蚪字，是越看越像大大小小的蛙崽子。再看看張之洞那種喜愛不已的神態，到嘴邊的話又咽了回去。

張之洞終於拿定主意了：『老闆，你把這口缸用棉紙好好包紮起來，今天傍晚送到寶慶衚衕。你在衚衕口就能看到一棵大棗樹，那就是我的寓所，我給你一千二百兩銀子。』

『好呐！』厚古閣老闆高興至極。『傍晚時分，我一定親自送來，您在家候着就是了。』

自從有了這口陶缸後，張之洞閒居的日子頓時充實起來。他一天到晚圍着這口陶缸轉，壁上的蝌蚪文也不知看過多少遍了。經樊樊山的宣傳，京師官場士林中有不少人都知道張之洞得了一件無價珍寶，紛紛前來觀看，一個個看後都稱讚不已。張之洞心裏非常得意。

樊樊山對張之洞說：『香帥，許多來看的人都想得到一份蝌蚪文的拓片。門生想，不如乾脆叫一個技藝高超的拓工來，拓它個數十上百份，分送給那些對文字有研究的朋友。然後我們定一個日子，請這些人到寶慶衚衕，香帥您來主持這個會議，讓各位發表高見。門生以爲，這一則是一樁學林佳話，二則香帥您可以集衆人之長，對徹底破譯壁上文字會有幫助。』

張之洞說：『你這點子很好，這事就交給你去辦吧！』

樊樊山領下這個差事，幾天工夫就拓下了一百份蝌蚪文拓片。他把這些拓片裝裱得精美可觀，作爲他的禮物分送給京師那些附庸風雅的大老，以及翰林院、詹事府中好古信古的閑翰林冷洗馬，又送

第二十章　後院起火

一些給他的那一批詩壇朋友。靠着這份特殊的禮物，很短的時間裏，樊樊山結識了京師一大群風雅高致的文人朋友。這一天，按照張之洞的安排，二十多個對古器物、古文字有興致有研究的官員文人們，興高采烈地在寶慶衚衕的大棗樹宅院歡聚一堂，高談闊論。看着這一場景，張之洞心裏喜悅極了。這喜悅不僅僅因爲這口陶缸，以及缸壁上的蝌蚪文吸引了京師衆多飽學之士，引發他們的思古之幽情，更因爲眼前的這一切，使他想起了二十多年前的常課：松筠庵的集議，龍樹寺的聚會，東興樓的歡宴，陶然亭的清談。而這些，恰恰是最能鼓蕩他滿腔青春似的熱血，喚起他飄逝已久的書生激情。來京師一年了，無論到哪裏，無論見何人，似乎總沒有尋覓到當初的影子，找不到昔日的情懷。這時，他纔突然醒悟到，原來是沒有尋覓到先前的那種氛圍——討論時政、切磋學問、意氣相投、好惡與共的氛圍。這氛圍，如同詩之氣韵、人之精神，失去了它，松筠庵也好，龍樹寺也好，在張之洞的眼中，都不是先前那一回事了。而今天的氣氛，則庶幾近之。

突然，屋外電閃雷鳴，緊接着大雨嘩啦啦地下起來。沒有多久工夫，天井裏便積下好幾寸深的雨水。這時，樊樊山突然想起擺在天井中的那口陶缸來。

陶缸平時擺在書房，今天一早，特爲搬到天井裏，因爲天井開闊又光綫充足，便於衆人觀賞，後來大家都坐進客廳裏興致勃勃地談論起來，陶缸則依舊放在天井裏。

『香帥，陶缸還在天井裏，得叫人把它擡進屋裏來吧！』

張之洞透過窗口，看到那口陶缸雖經大雨衝擊，却依舊巋然不動，笑着對樊樊山說：『這是陶缸，又不是字畫，傳到現在，也不知經歷了多少風吹雨打，還在乎這一次嗎？乾脆不動它，待雨停後再擡進書房不遲。』

這話在理，樊樊山也不再去管它了。客廳裏的考古學術討論，照舊熱氣騰騰地進行着。

中午時分，會議散了，大家走出客廳，不約而同地注目那口又經歷了一次風雨洗禮的陶缸：它靜靜地穩穩地立在天井中部那光潔的青磚地上，有一種傲然屹立於世間的史翁氣派。一位酷愛它的年輕翰林走了過去，他要再一次好好欣賞欣賞這個華夏民族先祖留下的傑作。

猛然間，他有了一個奇怪的發現。他不敢相信自己的眼睛，揉了揉，再仔細看，終於忍不住喊了起來：『缸壁上的蝌蚪文不見了！』

這怎麼可能！張之洞、樊樊山和所有與會者都圍了過來。果然，陶缸四壁上的那些蝌蚪文幾乎全没有了，剩下的十幾隻小蝌蚪，或有頭無尾，或有尾無頭。張之洞和衆人都被這意外的一幕給驚呆了。《神異記》中有一個故事，説唐代大畫家張僧繇在墻壁上畫了一條龍，恰逢雷電大雨，壁上的龍便乘此飛上天去。難道這些蝌蚪也趁着這場大雨離開缸壁游向了池塘？這顯然不可能。那麽，它們又都到哪裏去了呢？那個年輕的翰林將壁上殘留的幾個蝌蚪文用手指掐了掐，發現它們是鬆軟的。他小心地將它們取下來，放在手心裏慢慢抹平。這時，大家都看出來了，這些蝌蚪文根本就不是和陶缸一道燒製的，它們分明是粘在上面的粉糊一類的東西，故而被剛纔這場大雨給沖刷了！一個結論幾乎同時在每個人的腦海里浮出：這口缸是假古董，所謂的蝌蚪文是騙人的遊戲，一切都是一場騙局。

大家礙於主人的面子，都不敢點破，衹是用眼睛斜斜地瞟着這位剛纔還神采飛揚、侃侃而談的風雅總督。衹見張之洞臉色早已鐵青，本來窄長的臉顯得更加難看。他突然拾起地上一塊鬆動的青磚，朝着陶缸砸去。哐啷一聲，陶缸破了一個大窟窿。樊樊山拾起一塊陶片，明亮的正午陽光下，衆人都清清楚楚地看到，陶片的破碎處閃着冷冷幽幽的青光，稍有點陶瓷常識的人都知道：這是一口新近燒製的陶缸，問世頂多五六年光景。去陶瓦市場買的話，不會超過五十文！

真相大白，白白地丢了一千二百兩銀子不説，還在京師落下一個不識真假、遭人愚弄、將胡亂塗抹的圖案認作蝌蚪文的笑柄。這對於一個研究古物數十年，一向以鑒賞家、收藏家自負的張之洞來説，是何等大的羞耻！張之洞狂怒起來，吼道：『大根，你帶幾個人到海王邨去，把那個混蛋捆綁起來！』

下午，大根回來稟報，厚古閣的招牌在賣出陶缸的第二天便已摘下，老闆已不知去向。現在店名已變爲與厚古閣毫不相干的迷古齋了！

張之洞這一氣非同小可，第二天便病倒在床上！

二　端梁聯手欲藉織布局的貪污案將張之洞轟下臺

張之洞在病床上躺了幾天，不看書，不走動，心思倒徹底安靜下來了。一旦澄慮，一個疑問便不期而然地浮出水面：朝廷爲何要將我留在京師這麽久呢？要説辦事，特科放榜後的這半年裏，幾乎没做什麽事，京師大學堂章程的擬定有張百熙一人足够了，即便要二人合力，又何必要我這個現任湖廣總督呢？朝廷上下能擬議學堂章程的大臣多得很嘛！儻若要將我從湖廣調進朝廷，也得給我個職位呀，不説拜個協揆，至少也應該是個尚書或都御史，不能老是以湖督的實缺掛個議學大臣的空名呀！國朝兩百年，舊掌故裏很難找出個這樣的先例來。那麽衹有一種可能，有意將我從武昌調出來，放在京師晾着。朝廷會這樣做嗎？二十餘年來一直自認爲是國之幹臣疆吏楷模的湖廣總督，儘管想到這一層，自己却並不大相信。

這怎麼可能呢？這些年來一直對太后忠心耿耿，要說她有不滿之處，祇有戊戌年對康梁、對新政的態度和庚子年的東南互保。但戊戌年的事已過去五年了，這五年裏並未見太后有一句指責的話。至於東南互保，太后一再表示同意，回鑾後還特地予以封賞。若說是記這兩個前嫌的話，似乎又不大可能。那這是爲何呢？難道還有什麼別的緣故，自己卻始終蒙在鼓裏不知呢？

想到這裏，張之洞有點惶恐起來。他決定打聽一下。向誰打聽呢，當然是姐夫鹿傳霖最好。

鹿傳霖的運氣真好，自從親自帶兵到西安去勤王這一步棋走對後，便步步得法，節節順利，不久進了軍機，現在又做了協辦大學士，成了一個紅得發紫的新貴。張之洞在爲姐夫慶幸的同時，也多少存着幾分嫉妒。論才幹，論成就，論功績，自己都要遠在姐夫之上，但就是缺少這個福分。官場榮枯，人生泰否，真個是說不清道不明！

鹿傳霖是個謹言慎行的人，雖與張之洞是郎舅至親，但二人之間的交往基本上是公私分明的。那年張之洞希望兒子出洋一段時期，以廣見聞，正好江蘇名額有多，便去信給姐夫，要他報上仁權的名字，同時清楚地表明，祇借江蘇一個名額，一切費用全部自理。鹿傳霖也並沒有以江蘇巡撫的特權替自己的外甥謀取一份公費生的優待。現在要從這位按章辦事的軍機大臣的口中打探點秘聞，會有收穫嗎？思考良久，他想出了一個法子。

張之洞把樊樊山叫來，將自己的想法對這位門生詳細地敘述一番，然後要他按自己所說的去見一次鹿傳霖。

樊樊山正好因蝌蚪文一事弄得很没面子，有個把月没去鹿府了，便欣然領命前去。

『鹿中堂，香帥病了，病得不輕！』

第二十章 後院起火

樊樊山一見到鹿傳霖，便焦急地說道。

『上個月他還在我家裏喫了一餐飯，好好的，怎麼就病得不輕了？』

鹿傳霖雖比張之洞大一歲，但保養得好，看起來倒像比內弟年輕得多。

樊樊山按張之洞的意思，將如何受騙如何在衆人面前丟臉的事大肆渲染了一番。

『鹿中堂，香帥這次上的當可不小。您看看，他一輩子好古董，誰不知道他是個鑒賞大家。到了晚年，却以制臺之尊栽在一個海王邨的小商販手裏，又是當着那麼多名流的面，公然讓他下不了臺，多丟他的臉，傷他的心！我看他已病得祇剩下一口氣了，他是想臨終前見見老姐夫姐姐一面。』

這幾句話，說得鹿傳霖的眼圈都紅了，忙進後院告訴夫人。鹿夫人一聽，眼淚刷刷流下，兩老夫婦當晚便趕到寶慶衚衕。

『四弟，上個月還好好的，怎麼會病成這個樣子！』

環兒陪着鹿傳霖夫婦來到張之洞卧房，見到本來就瘦削的弟弟，如今更加黑瘦地躺在床上，額頭上圍了一塊玄色手帕，兩隻手冷冰冰的，鹿夫人傷心起來。

『三姐，我怕是活不久了。』張之洞兩眼無神地看着這位同父異母的姐姐，氣息微弱地說。

『說什麼話！』鹿夫人難過地說，『你一向身體都健健朗朗的，千萬別胡思亂想。明天，你姐夫跟內務府說一下，請大內的太醫給你瞧瞧！』

鹿傳霖忙說：『我明天正要見太后，就請太后派個御醫來。』

張之洞說：『不要驚動太后，也不要御醫。我這病我自己知道，是心裏鬱積而成的，藥物治不了。』

鹿傳霖笑道：『你是在爲陶缸的事氣惱吧！京師愛好古董的官員們，有幾人没上過古董騙子的

當？你不要往心上去！』

鹿夫人說：『從今往後，再不要去理那些罎罎罐罐的東西了。你姐夫這點好，他一生不沾邊。』

鹿傳霖說：『我哪能跟四弟比！我迂實缺乏才情，四弟雅好金石書畫，纔是真正的翰林本色。』

這幾句話，說得鹿夫人和環兒都笑了起來。

張之洞對環兒說：『你陪着三姐到外面屋子裏去聊聊家常，我要和姐夫說點事情。』

環兒和鹿夫人走出卧房後，張之洞握着鹿傳霖的手說：『三姐夫，我這病，上古董販子的當衹是個引發，根本原因還是這半年多來心裏的煩悶。』

鹿傳霖說：『你煩悶啥呀？』

張之洞嘆口氣說：『三姐夫，你就不要明知故問了。換上你，當年一個在任上一天到晚有做不完事情的江蘇巡撫，突然弄到北京來掛個議學大臣的空名住在衚衕裏，一年到頭什麽事也没有，不死不活的，你會怎麽想？』

鹿傳霖說：『你就寬心在北京再住一住，朝廷總會有個明確安排的。』

『我就是寬不下心。』張之洞的手鬆了，似乎的確是氣力不支。『我在武昌的事，別的都不說，光就那些洋務局廠，就讓我牽腸掛肚，放心不下。端方他能管得了嗎？再說，局廠那些總辦會辦們也不會聽他的。姐夫，你在軍機處，一定知道內情，你給我透點風氣，朝廷到底是怎麽處理我張某人的。如果還這樣不死不活地讓我住在京師，我寧願拿根繩子上吊算了！』

鹿傳霖笑道：『你這是怎麽啦，一下子變得器量窄小了？』

張之洞說：『不是器量變窄小了，我心裏很煩躁，如果這個結不打開，這病也好不了，真怕活不

久了。三姐夫，我知道你是個實誠君子，一輩子没求過你，爲的是不願給你惹麻煩。但我這次非得求你給我透點聲息，你若不答應我，我真的好不了。』

鹿傳霖主動握起內弟的手來，這手果然是枯皮包着瘦骨，且没有多大熱氣。他心裏不免湧出幾分哀憐來：『香濤，你要我給你說點什麽？』

『是不是經濟特科没有辦好，太后對我不滿意了？』

鹿傳霖說：『没有聽說過。倒是有次聽榮中堂講，太后說過，原來梁士詒不是梁啓超的兄弟，其實特科第一場考試不廢也可，難爲了張之洞。』

這話很讓張之洞欣慰了一下。他又問：『太后是不是認爲我已經老邁衰朽了，不能再爲朝廷出力，有意先冷一冷後再開缺回籍？』

鹿傳霖笑道：『你還不到七十，子青老哥八十多歲還做白髮宰相呢！』

張之萬八十四歲壽辰那天，由恭王出面爲他祝壽。酒席上，他再三懇求致仕，恭王再三慰留。但没過幾天，一切職務都下了。其實，恭王一上臺，就想請張之萬下臺，爲了顧全張的面子，二人商量好一道在酒席上那樣表演。這官場上的操作，與戲臺上的做戲，真的没有幾多區別。光緒二十四年，這位老來紅的狀元宰相終於以八十八歲高齡辭世。

聽到張之洞要自己透點聲息的話，鹿傳霖心裏便一直在矛盾着。作爲正受太后寵信的軍機大臣，鹿傳霖早在十天前就知道朝廷留張之洞在京的真正原因了。

原來，這事的起因正出在張之洞爲之付出十四年心血的湖北省垣。

以湖北巡撫身份署理湖廣總督的端方，不是一個厚道人。署理湖督没多久，他便已經知道被張之

洞經營十多年的湖督衙門，所擁有的强大實力和在中國舉足輕重的地位，儻若這一切屬於自己掌管的話，『端方』這兩個字便非比一般了。四十多歲的年輕人熱血，撩得端方對此有强烈的覬覦之心。在一次和梁鼎芬的交談中，他發現這個備受張之洞器重的候補道兩湖書院山長，是一個對自己有用的人。遂拍着梁鼎芬的肩膀説：『節庵呀，都説張香帥很器重你，我看他衹是用你而不重你。憑你的才幹，早就該薦舉你做臬司、藩司了。你却至今還是一個候補道，可惜！』

不料，端方的這幾句空頭話，正打在梁鼎芬的心坎上。這些年來，梁鼎芬最爲傷心失意之處正是在這裏。他追隨張之洞十多年了，並不甘心一輩子衹做過山長或師爺長。他素來自視甚高，很想早日開府建衙，自掌權柄，渴望通過張之洞這位有力者的提携來實現自己的宿願。他也曾向張之洞間接地談過。張之洞也答應過，衹待武昌道出缺，便讓他補。但這一個願口頭上許了多年，就是不見兑現，至今仍是張之洞身邊一個没有實職實權的師爺頭。

梁鼎芬心中有不滿，但又不便强求，端方的這幾句話正點中他的隱痛，便一面自嘲一面試探性地問：『這也不能怪張香帥。我大概是命裏注定衹有文名而無官運，即便是你端中丞真除湖廣總督，我恐怕也衹能是個幕僚頭而已。』

梁鼎芬的話中之話，端方一聽便明白了，忙説：『節庵，你放心，若哪一天我真除湖廣總督，我一定很快提拔你做一個湖北按察使。』

『你説話算數？』

『當然算數。』

就這麽幾句赤裸裸的交談，兩顆熱中之心貼在一起了。從此，梁鼎芬便全心全意爲這位新主子辦事效力，並積極地爲端方由署理到真除而出謀畫策，奔走經營。

第二十章　後院起火

要真除湖廣總督，第一步得先讓現任的湖督開缺，把位子騰出來纔行。開缺張之洞可不是一樁容易的事情。端方和梁鼎芬籌謀良久，並没有找到確鑿而足够的彈劾證據。終於，功夫不負有心人，就在特科考試即將結束時，織布局突然出了事。有人告發織布局的材料處主辦李滿庫貪污巨款，局裏賬目混亂，虧空嚴重，而李滿庫正是張之洞如夫人李珮玉的堂弟。端方和梁鼎芬得知此事後大爲高興，視爲天賜良機。

梁鼎芬爲端方謀畫：先將張之洞留在京師不回武昌，以便徹底清查織布局的貪污案，竭力找出張之洞與此案的牽連，然後將它作爲一發重型砲彈，把他從湖督位子上轟下去。

但如何達到將張之洞滯留京師的目的呢？梁鼎芬又向端方出謀：可以走慶王奕劻的路子。奕劻貪財好貨，且與張之洞關係不深，一向對張之洞有幾分不滿，這個口子最易打開。又自告奮勇願去辦好這樁事。

端方當即許願，若辦成此事，算是立了大功，保證半年之内酬謝梁鼎芬一個湖北臬司。

梁鼎芬帶着端方給他的一張十萬銀票和一包珍稀寶物，在兩個戈什哈的陪同下，火速趕至京城。

梁鼎芬生怕在京城裏碰上與張之洞相關的人，遂十分小心謹慎。通過端方正白旗内的老關係，梁鼎芬在一個月黑風高的夜晚悄悄進了慶王府，拜會奕劻。

見了銀票和珍寶，奕劻早已笑眯了眼。他本就反感張之洞從不巴結他，現在有人帶重禮上門來替他出氣，何樂而不爲？奕劻收下這份禮物，小眼珠子轉了轉，有了主意。他叫梁鼎芬立刻回武昌等着看邸報。梁鼎芬回到武昌没幾天，果然見到載於其上的任命張之洞爲議學大臣暫不回武昌的諭旨。端

第二十章　敦親戚火

方、梁鼎芬見第一步已經成功，遂緊鑼密鼓地開始了第二步行動。

他們的計劃周到而萬無一失：先把李滿庫調到紡紗局，由處主辦升爲局協辦。李滿庫自然不會懷疑，高高興興走馬上任。繼而把織布局的總辦馬漢成派往英國，讓他到全世界紡織業最發達的老牌强國去學習人家的技術，時間半年，給他發足銀兩，又特配一個英文翻譯。

馬漢成一輩子没有出過洋，聽別人說起西洋如何如何，他衹是羡慕得眼珠發紅，口角流涎。他不敢奢望去看西洋，因爲他一不懂洋文，二付不起這筆龐大的費用。他做夢都没有想到，天大的好事突然間從天而降。將近天命之年，居然可以放洋出國，而且有人替自己做翻譯，又不要從自己腰包掏出一文錢。他心裏暗暗地盤算着：今生今世，這樣的美差既是空前，大概也是絕後了，一定要好好利用，看够喫足自然是不在話下，還要玩好；聽說洋婆子個個風騷無比，務必要玩幾個纔不虛此行，也不枉過此生了。

還是端方好。馬漢成不止一次地在心裏對署理制臺感恩戴德。替張之洞効力七八年了，他何曾想到要這樣奬勵自己？

過幾天，馬漢成準備就緒，喜滋滋地帶着翻譯離開武昌，取道上海揚帆遠航了。

將馬漢成和李滿庫調離織布局，剩下的事就好辦了：第一著封賬，第二著審理，第三著外查，第四著覈定。一切過程都在暗地裏悄悄進行着，織布局的生産仍一如既往，並未中斷。

這一過細查覈，不但查出了主辦李滿庫貪污銀子達十六萬之多，而且牽連到總辦馬漢成也有一萬多兩受賄銀。更爲嚴重的是，織布局衹在前三年略有贏利，這三年多來連年虧損，合計虧空達二十萬之多。但令端方遺憾的是，查了將近五個月，却没有查出張之洞本人在銀錢上與織布局的牽牽絆絆，也就是說，張之洞並未從織布局中貪污。張之洞所要承擔的責任，是用人不當，而這人又不是別人，乃是他的小舅子，咎責難逃。端方並不死心，一面將現有的情況彙總起來，派梁鼎芬再次赴京，向奕劻稟報，一面命令細查深挖，尋根究底，務必要找出張之洞從織布局中貪污受賄的罪證來。

十天前，軍機大臣王文韶請奕劻到自家喝酒，酒酣耳熱之時，奕劻情不自禁地說了句：『張香濤在京師優哉閒哉，他不知道他的後院已火燒上房了！』王文韶一驚，忙問爲何。奕劻一時興起，把事情說了個大概。王文韶與鹿傳霖過從較密，知鹿、張之間的關係，便將奕劻的話告訴了鹿傳霖。鹿傳霖聽後也大爲驚訝。但他是一個謹慎的人，並没有急着把這事告訴內弟。

眼下，看着張之洞病得如此嚴重，他再也不忍心隱瞞了。

『四弟，武昌織布局出了事，朝廷有意留你在京師，暫時迴避迴避！』

『什麼！』張之洞霍然一驚，掀起被角，猛地坐了起來。『織布局出了什麼事？』

說話的同時，張之洞的腦子裏立時想起了織布局的李滿庫。事情一定出在他的身上，不然不會叫我迴避！

鹿傳霖將從王文韶那裏聽到的話經過濃縮後簡單說了幾句。

『用不着迴避，讓我來處理這件事更好。』說話間，張之洞已下了床，慌得鹿傳霖趕緊上前扶着他，二人都坐了下來。

『三姐夫，既然是湖北的洋務局廠出了事，我就更不能滯留京師了，何況織布局的材料處李滿庫是珮玉的堂弟，這事便直接牽涉到我的身上，我更不能置身事外。我比端方更熟悉，辦起來會更順

第二十章　火焰與鮮花

手。我張之洞經手湖北洋務局廠的銀子高達七八百萬兩，遭到許多人的指責，有人甚至罵我是「屠財」。但是，三姐夫，我跟你說句掏心的話。你四弟辦局廠糜費錢財之事或許有，但貪污中飽事決沒有。在這件事上，我可以上對朝廷祖宗、下對百姓子孫說一句毫不爲過的話，張之洞對公款一清如洗一塵不染。但我也可以對三姐夫說句腹心話，我不能眼睜睜地看着別人耍花招做手脚，有意對我栽贓誣陷。我即刻便向太后上摺子，若信得過我張之洞，便讓我回武昌去親自處理織布局的事；若信不過我張之洞，便乾脆開缺我的湖督之職，不要讓我這樣不死不活地困在京師喫白食！』

張之洞越說越激動，嘴裏大口大口地出氣。面對着內弟的這種急躁和衝動，鹿傳霖心裏後悔不迭：實在是不該告訴他。或許過一兩個月，武昌那邊的事便會水落石出，他自然會清清白白地回去。不料他年近七十依然像年輕時一樣的不能容物，萬一他回到武昌後與端方鬧翻了怎麼辦？

『四弟，我看你不必這樣急，就讓端方他們去辦好了。朝廷讓你迴避，原也是一片護衛之意，既已住了將近一年，再多住一兩個月也無妨。還是保重身體要緊。』

張之洞冷笑一聲說：『三姐夫，你不知道，端方那小子是個聰明過頭的人，八成是他使的壞。我不回去，這心如何安得下？』

鹿傳霖知道張之洞的倔脾氣，到了這個時候是絕對扭不回頭了，衹得跌足嘆息而已。

第二天，張之洞便向慈禧太后遞了摺子。摺子上講，聽人說武昌織布局爆出貪污案件，請求太后讓他回湖北去親自處理這事。

慈禧並不知幕後的情況，既然湖北洋務局廠出了事，身爲湖廣制臺的張之洞自應早日回鄂處理，

便即刻批准他開缺議學大臣之職回湖廣本任。

三　處理織布局的貪污案，是個棘手的難題

得知張之洞即日將回武昌本任的消息，端方和梁鼎芬大出意外，兩個人在端方家的書房裏心情焦灼地商量對策。

端方心裏慶幸，好在尚未將織布局的事定案，不如和盤托出交給張之洞。至於定罪處罰，則由他本人去辦，以表示自己並不夾雜傾軋的私念，純是一片爲國辦事的公心。

梁鼎芬深知張之洞的性格。他沒有多加思索，便決定出賣端方以求自保。

兩人密談半天，達成一個共識：端方派梁鼎芬走慶王府的門子，此事隻字不能提。這不僅是爲了顧全慶王的面子，更是爲了掩蓋他們兩個的真實意圖。不提這一層，調查織布局貪污案，就是辦一樁普通的案子，而不是別有用心的舉措。

火車抵達漢口站時，端方帶着湖北省一批文武大員親往迎接。

張之洞走下火車，一眼看見滿臉堆笑的端方站在歡迎隊伍的前頭，心裏頓生厭怒。

『香帥辛苦了！』端方走上前去問候。

『哼！』張之洞黑着臉，對着端方一甩手。『辛苦什麽，一天到晚除了喫飯睡覺，屁事都沒有！』

端方討了老大一個沒趣，尷尬片刻後，又笑着臉湊了過去：『香帥這段日子身體還好嗎？』

『好什麽？』張之洞大踏步向前走，看也不看端方。『有人在我的後院燒火，我還好得起來嗎？』

端方完全明白了，張之洞是衝着織布局的事回來的，而且心裏充滿了對他的恨意。他心虛起來，

搭拉着腦袋，不敢再開口。

湖北省的藩司、臬司等人忙着向張之洞拱手道乏，張之洞也跟他們拱手答話，臉色和悅。

這一切，心懷鬼胎的梁鼎芬都看在眼裏。他要試一試張之洞對他的態度，從中可以探知張之洞抓沒抓到他的把柄。

『香帥！』梁鼎芬分開衆人走上前去，笑容燦爛地說，『聽說您這幾個月在京師做了許多好詩，能不能賞給我看看？』

『好哇！』張之洞笑着說，『你梁節庵是詩壇高手，我還正要請你幫忙潤潤色哩！』

臉色神態、說話的口氣跟往日一個樣，梁鼎芬胸口上壓的那塊巨石落了下來：他不知道我梁某人做的事，這就好辦了！

藉『幫忙潤色』這句話，梁鼎芬第二天傍晚便來到督府後院。他要搶在端方之前，先來報告織布局的事。

『香帥，織布局裏銀錢對不上數的事，想必您已經知道了。有人上書給端中丞。端中丞問卑職這事怎麼辦。卑職說，織布局的事香帥最清楚，此事應當等香帥回來後再由他來查辦爲好。但沒有幾天，端中丞就安排人去調查這件事，卑職想攔阻也來不及了。』

梁鼎芬一臉誠懇地說着，似乎爲自己沒能攔阻端方而懷着沈重的歉疚。

張之洞不以爲然地說：『端方是鄂撫兼署理湖督，他要辦什麼事，你怎麼可以攔阻得了？織布局的事與你無關。』

梁鼎芬徹底明白張之洞不知道他在辦理此案中所扮演的角色，如釋重負：『香帥海量，但卑職身

第二十章 後院起火

爲督署總文案，總是有責任的。』

張之洞平和地說：『端方要查織布局的事，作爲署理總督，他有這個權利。織布局出了事，也是應當去審查，這也沒有做錯。我不滿他的是，他應該把這事告訴我，不應把我蒙在鼓裏。我想我這幾個月閒在京師，也一定是他的鬼主意，他想藉此堵住我回湖北的路！』

梁鼎芬聽了這話，嚇得背上沁出一絲冷汗。他不由自主地望了一眼比一年前顯得更衰老的張之洞，祇見那兩隻凹下去的眼睛正在盯着自己，彷彿對織布局的事早已洞若觀火。

『香帥，您真英明。這幾個月來，卑職已有所察覺，端中丞是想擠走您而真除湖廣總督。』

『哼！誰走誰留，等着瞧吧！』

次日，在冷冰冰的氣氛裏，端方將湖廣總督關防璧還給張之洞。又硬着頭皮，在張之洞峻厲可怖的眼神下，將織布局貪污案的調查情況作了盡可能短的稟報，留下有關此案的一大堆簿册文書後，急急忙忙地離開簽押房。

走出總督衙門的大門，端方回望一眼這座自己住了將近一年的最高衙門。這衙門彷彿一個虎口似的，正在向他張牙伸舌。他清醒地意識到，不僅這座衙門從此不再屬於他了，就連不遠處的湖北巡撫衙門，也很可能呆不久了。

花費整整兩天的時間，張之洞將織布局的這一大堆檔案認真地看了一遍，心緒沈重複雜，五味雜陳。他既痛恨李滿庫濫用職權，貪污中飽，坑害了織布局，又慚愧自己這幾年來居然對織布局的嚴重虧空懵然不知，還時常四處吹噓創辦紗、布、絲、蔴四局的功績。他對端方的恨意，隨着一頁頁檔案的翻過，已在一分一分地減弱。

張之洞把織布局和李滿庫的事告訴了珮玉，又叫大根到紡紗局去把李滿庫叫來。

李珮玉直到這時才知她的兄弟是個貪污犯，心裏極爲難受。

自從環兒過門以後，珮玉便明顯地看出，張之洞對她冷落得多了。環兒年輕漂亮、能歌善舞。她超人的琴藝也不再受到張之洞的特別賞識，環兒的歌舞填滿了張之洞少有的閒暇時日。珮玉在心裏深深地嘆息着。她知道自己出身貧寒，且非明媒正娶的夫人，無非比環兒先過門幾年而已，並無壓倒環兒的地位。來到張家不久，她纔明白，張之洞不立她爲續弦夫人的真正原因是她的出身低微。他的前三任夫人，均是出身官宦家庭的大家閨秀。而她，一個三家村塾師的女兒，一個喪夫夭子的寡婦，怎麽可能與她們相比！男人愛少艾，自古皆然，何况張之洞身爲制臺，位高權重，是男人中的英雄，妙齡美女也是愛他的，自己能有什麽話好説！度過幾個月的鬱悶憂愁後，珮玉還是想開了。

好在張之洞對她雖有些冷落，却依然以禮相待，家政仍主要歸她管，環兒插手之處不多。何况她生了兩個兒子，在張府裏的地位自然也不是環兒所能撼動的。她要處置後院衆多的庶務，還要照顧未成年的子女，一天到晚，也够忙碌了。在外人的眼裏，她依舊是內宅的當家人，並没有被冷落的痕跡。她連琴也没有多少時間可彈了，衹在準兒有時過來看父親和她的時候，師徒二人纔忙中偷閒，調弦揮指彈兩曲，自個兒樂一樂。

將堂弟安置在織布局，讓父母晚年有個嗣子在身邊盡孝，這是佩玉由衷感激丈夫的一件事。剛來幾年，李滿庫還常來督署走動走動。這四五年裏，因爲二老相繼過世，李滿庫來看姐姐的機會越來越少了。珮玉衹知道堂弟如今發達了，升了官買了大宅，前幾年還置了一房妾。都説在洋務局廠做事的人大有洋財可發，何况堂弟又在織布局做材料處主辦，自然發的洋財比别人多。堂弟現在冬裘夏綢，妻妾穿金戴銀，也是分内的事，珮玉不在意，也不過問。今日纔知道堂弟原來不安本分，貪污公款，珮玉深以此爲羞慚。堂弟這樣不爭氣，辜負了丈夫的一番心意。珮玉覺得很對不起丈夫。

其實，剛從山西老家來到武昌的李滿庫，還是一個老實巴交的三晉漢子。他對張之洞感恩戴德，對珮玉及其父母也很好。一年後又把老婆接到武昌城，讓珮玉的父母跟他夫婦倆一起住。他自己在織布局裏做事也踏實。這一切，都是一個實實在在過日子的厚道人的表現。張之洞對此頗爲滿意放心，也便不大過問他的情况。

李滿庫人聰明，也識得些字，又跑過碼頭做過生意，兩年後便得到提拔，做了一個小工頭。再過兩年，馬漢成來到織布局做總辦。馬漢成走的是捐班一路。先是花錢捐了個候補知縣，分發湖北。幹了幾年，他看官場出息不大，而洋務局廠倒是油水不少，便又走武昌知府的路子，多方輾轉，終於坐上了織布局的第一把交椅。馬漢成是從官場中走出來的人，來到織布局不久，便發現李滿庫奇貨可居，立即把他提拔到材料處，先讓他做個副職，查看查看。李滿庫見馬總辦將他安排在人人垂涎的肥缺上，心裏感激莫名，遂對馬漢成百般恭順，鞍前馬後拚死效力。

馬漢成凡與各級衙門各方商人洽談重要生意時，總是將李滿庫帶在身邊，特意向客人鄭重介紹這是張制臺的小舅子，張制臺如何如何喜歡他、器重他等等。這種時候，織布局的生意便往往談得融洽順利：衙門會行方便，商人會讓折扣。生意談好後，他們還會得到額外的好處。至於平日，李滿庫的家裏常常會有陌生人來拜訪，大包小包進門，點頭哈腰出去。這些人絶大多數是來求李老爺買他們的

材料，也有的是來求他在張制臺面前説幾句話，再憑這幾句話去達到他們各自的目的。這時的李滿庫終於看清了自己的價值，他要充分地利用這種價值來爲自己謀取實實在在的利益。在織布局混上六七年，年届而立的李滿庫已經完全成熟了。

他一面自覺地張揚自我，一面更緊跟馬漢成，很快便被提升爲材料處的主辦，執掌支配整個織布局各種生産材料的大權。

他自己從局裏提拔幾個貼心兄弟進材料處，又從晉北老家調來兩個遠房親戚，安置在身邊。織布局的材料處，成了李滿庫一手控制的獨立王國。掌了大權的李主辦錢財滚滚而來。先是買豪宅，接下來買小妾，後又瞞着妻妾置外室尋花問柳，完全過的是花天酒地、紙醉金迷的生活，不僅與過去的山西農夫的景况判若霄壤，就是比起他的湖北洋務創始人的姐夫來，也不知要瀟灑舒服多少倍！

馬漢成不但重用李滿庫，以便利用張之洞這塊金字招牌爲自己服務，同時又巴結荆州將軍壽貴，希圖依靠這個正白旗的滿洲大員來打通各方關節。壽貴有個堂侄名叫壽安。壽安讀書不成，習武不就，却看中洋務局廠。壽貴通過馬漢成將他安排進了織布局。没有多久，壽安便做了售銷處的主辦。織布局有一進一出兩個肥缺，進的是材料處，出的便是售銷處。生産出來的布匹都要由售銷處賣出去，其中的油水比起材料處來還要大。這壽安原本就是一個紈袴子弟，自己腰包裏有了大錢，便更是不安本分了。

李滿庫與壽安多年來相安無事，半年前却爲漢口惜花院裏的一個妓女鬧翻了臉。惜花院裏有一個名叫杏花的妓女，人長得漂亮又伶俐，一出道便受到嫖客們的格外喜愛。李滿庫和壽安也同時喜愛上了杏花。因爲争風喫醋，兩人開始鬧起矛盾來。後來，爲防止李滿庫染指，壽安將杏花包月。在他包的這個月裏，别的客人杏花都不能接待，李滿庫也自然不能再進杏花的房，心裏又恨又癢。一月滿後，李滿庫遂以高於壽安一倍的價，與惜花院的鴇母談妥，將杏花包年。也就是説，一年内杏花再也不能接待包括壽安在内的其他客人。這下惹惱了荆州將軍的侄公子。他本早已得知李滿庫的一些貪污影子，遂公報私仇，趁着張之洞不在武昌的時候向署督端方告了一狀，恰好爲急於尋找缺口的端方所利用，遂全力以赴地查起這個案子來。

李滿庫在張之洞的面前痛哭流涕地交代了這一切後，跪在地上説：『請求大人千萬放我過這一關，我今後一定洗心革面改邪歸正。我其實没有貪污十多萬兩銀子，這是端方一夥有意陷害。我老實向大人坦白，我是貪污了織布局裏的銀子，但决不會超過三萬，我願意全部賠清。我的銀子都是别人自願送給我的，不是我有心貪污得的。壽安衹會比我貪污得更多，端方不查他，這説明端方打我不是目的，他打擊的是您！』

張之洞氣呼呼地踢了他一脚，罵道：『你這個不成器的混賬東西，我恨不得一刀殺了你！你滚吧，我不想見到你了。』

一連幾天，爲李滿庫説情的人絡繹不絶地來到張之洞的面前：先是珮玉懇求網開一面，繼而大根也勸四叔不要大動干戈，最後連環兒也吹起枕頭風來，説家醜不可外揚，保護滿庫過關，其實也是保全張府的體面。到了第三天，梁鼎芬悄悄地來見，轉告端方的話：現已得知滿庫是受壽安的誣陷，好在織布局的案子並未結案，也没有上奏朝廷，一切都可以從頭來，不如大事化小，小事化了，方方面面都好過得去；至於上次所交的那包檔案，一把火燒掉算了，就當没有這回事一樣。梁鼎芬特别强

調，這是他找端方推心置腹商談了很久後，端方纔接受的方案。這既爲李滿庫好，也爲織布局好，更是爲香帥和整個湖北的洋務事業好。

端方、梁鼎芬的這個新方案讓張之洞動了心。這是官場上慣常用的彌縫補漏手法：官官相護，互爲遮掩，今日爲別人保了臉面，來日也替自己預留一條後路。數千年來中國官場綱紀的紊亂敗壞，其源半出於此。

當年的清流中堅悟到了這一層，立刻斷然否決這個方案。他心裏恨恨地想：假若自己不回武昌，端方的這個方案便絕對不會出來。爲什麼查了近半年的案子，都不曉得是壽安的誣陷，這短短的幾天，便一下子查明了真相，豈非咄咄怪事？這中間的用心豈不昭然若揭！前幾天剛剛萌發的對端方的體諒之情，被這個方案掃蕩得差不多了。

如此看來，應當把織布局的這個貪污案公事公辦，全權委託給武昌知府衙門，公開審理，秉公辦事。馬漢成貪污了多少銀子，李滿庫、壽安等人貪污了多少銀子，全部公開，然後再根據大清律來處置，或賠款，或坐班房，或流放充軍，全都交給湖北各衙門去辦，再上報朝廷，自己一點都不插手，徹底迴避。然則，這樣做又是不是最爲妥當的呢？張之洞一時拿不定主意，叫陳衍過來商量。

陳衍將尖下巴上的幾根疏稀短鬚摸了好半天工夫，纔緩緩地說出自己的看法：『以卑職之見，彌縫過巧，易授人以柄，何況此事雖未奏報太后皇上，但已傳到京師上層，慶王和鹿中堂等人都已知道，一旦得知織布局什麼事都没有，難免心中作疑，腹裏有香帥護短之譏，卑職以爲不妥。』

張之洞點點頭：『你的看法與我相吻合。』

得到鼓勵後，陳衍的興致更高了：『以卑職之見，迴避更不妥，儻若將此事全權委託給武昌知府辦理，結案後向社會全盤公開，如此辦，卑職看來，有三不當。』

『有哪三不當，你詳細説説。』

張之洞對這位入幕甚晚的詩人兼理財家一向刮目相看，很重視他的意見。

『武昌程知府，並不是一個精明的人，人品官品也不足稱道。他或是被表象所迷惑，不能究根尋底，弄清案子原委；或是接受別人的賄賂而有意將水蹚渾。這兩者都有可能最終辜負香帥的期望。這是一不當。』

張之洞注意聽着，不置可否。

『卑職聽説織布局這些年問題嚴重。從總辦馬漢成到各處各科主辦，幾乎無人不貪，且經營不善，虧空很大。織布局的問題，若徹底追查從嚴細究，這個洋務局廠就會從基脚到頂端，轟然一聲全部垮掉。這是二不當。』

張之洞神色嚴峻起來，瘦長的馬臉拉得更長了。他顯然不想聽這些話，但陳衍不顧他的反應，按自己的思路繼續説下去：『織布局一個廠垮掉還是小事，可怕的是它會對整個湖北的洋務事業帶來很壞的影響。上自朝廷，下至府縣，旁及各省，這些年來對湖北的洋務事業雖讚揚甚多，但攻訐也不少。據卑職所知，攻訐之處多在糜費銀錢、虧空過大、經營不善、用人不當等方面。織布局的問題就恰好出在這幾個方面。如果我們將織布局的事徹底查清，再向全社會公開，恰好給他們提供了一個鐵證如山的例子。他們將會用這個例子大做文章，肆無忌憚地攻擊湖北洋務事業，攻擊香帥。到那時，織布局就是一個缺口，最後的結果衹能使湖北的整個洋務全盤垮掉，香帥十四五年的滿腔心血化爲烏

有。』

張之洞的臉色越來越黑了，猶如大雨將至時的滿天烏雲。他恨不得拂袖而起，或者大聲斥退這個不知高低的狂妄幕僚。但他究竟還是將憤恨壓了下去，硬着頭皮聽完這番令人難以接受的福建官話：

『香帥，卑職方纔所説的決不是勸香帥做文過飾非、護短遮醜的俗吏，而是切切實實爲了湖北爲了中國的洋務事業着想。洋務在中國是一項新的事業，大家都生疏，做起來必然會有許多不盡如人意之處；而洋務又是一定要做的，中國若不引進洋務，便決没有強大的可能。因爲此，香帥這十多年來所做的事，便應當受到社會的稱讚，同時也應當受到社會的保護。有人不顧國家大局，衹圖發泄個人私憤，攻其一點，不及其餘，恨不得藉一個差錯來否定全盤。對於這種人，我們不能讓他遂其心願。從保護中國剛開始的洋務大局出發，我向您提出一個方案。』

陳衍的這番話，使張之洞大有撥啓茅塞之感。從他心裏來説，也是不想把織布局的事弄得太大，這於自己的體面總是不光彩的，但彌縫遮掩又一向爲其所恥，怎麼辦呢？如何來尋找一個支撑點，在這個支撑點上將心理和現實兩方面都擺平呢？好了，現在陳衍爲他尋到了這個支撑點。

張之洞的臉上開始有了光亮：『石遺，你把你的方案説出來！』

『我的方案説起來其實很簡單，折中於彌逢與迴避之間。不彌逢，由湖廣總督衙門出面，成立一個審查團，對織布局的所有問題，尤其是總辦和處科主管人員的操守，以及織布局建立十年來的收支兩大方面進行審查。不迴避，審查的結果不向社會公開，由香帥一人最後定奪，立足在保護，但對惡劣者要嚴加處置。無論如何織布局要存在，無論如何要造成這樣一個結論：織布局創建十年來，功大過小，利多弊少！』

『好，就這樣辦！』張之洞站起來，拍着陳衍的肩膀説：『石遺，你是湖廣衙門的一名能幕。』

又花了整整三個月的時間，張之洞親自指揮的審查團終於將織布局的事定了案：馬漢成、壽安、李滿庫等人都分別犯有程度不等的貪污情事，除全部賠款彌補虧空外，馬漢成開缺永不敘用，壽安除名，李滿庫遣回山西原籍。織布局創建十年來，生産布匹售銷全國十八省，並遠銷南洋，贏利三萬五千四百兩銀子，成就巨大，由湖廣總督衙門重新委派總辦及材料、售銷主辦，繼續經營，以期年年進步。

這個定案以張之洞的名義正式上奏太后、皇上。

端方擔心張之洞回鄂後會全面爲織布局翻案，然後再尋他個差池，將他攆出湖北，甚或參掉他的巡撫之職。現在見張之洞如此辦理，既顧及了他的面子，也保全了織布局，而且也並没有祖護家人，屈服權貴，禁不住由衷欽佩這位老官僚的老練圓融。但畢竟跟張之洞背地裏幹了一場，端方總有幾分心虚，便竭力通過慶王的門子以求離開武昌。恰好不久朝廷重拾新政時期牙慧，撤銷與總督同城的廣東、湖北、雲南等省的巡撫，趁此機會，端方請求調出湖北。朝廷遂將他改調蘇州，署理江蘇巡撫。張之洞從此集湖廣總督與湖北巡撫於一身，掌軍事與民事於一手，權力更大了。

梁鼎芬依傍端方的想法是徹底破滅了，他比往日更加殷勤更加屈己地侍候着張之洞。織布局的案子使得張之洞對武昌各級衙門很是反感，他一兼上鄂撫後便參掉武昌道和貴的職務，將這個肥缺送給了梁鼎芬。端方没有給他兑現的好處，倒讓張之洞給真正兑現了。梁鼎芬又羞又愧，此後更死心塌地跟着張之洞幹。過了兩年，張之洞又擢升他爲湖北按察使，終於讓他實現了做一省大員的夢想。梁鼎

芬終生將爲端方謀湖督走門子一事諱莫如深，直到張、端都死去後，自己也到垂暮之年時，纔向好友透露一星半點。這自然都是後話了。

兼任湖北民政最高長官的湖廣總督，在廣闊的荊楚大地做起事來更加無遮無礙得心應手，過去尚有些許疏隔的湖北兩司及道府州縣，從此盡皆在他的直接管轄之下，再不敢有絲毫的違抗和不恭了。張之洞充分利用這份難得的大權，擴大洋務局面，加快蘆漢鐵路的施工速度，大規模地興辦各種新式學堂，尤其注重創辦各級師範學堂，以求早日培養大批教師推廣新式教育。又拿出巨額公款來派遣出國留學生，其中尤以赴東洋日本的爲多。湖北派遣的公費留日生最多時，曾佔全國各省在日學生總數的三分之一。張之洞在自撰的《學堂歌》裏曾這樣得意地說：『湖北省，二百堂，武漢學生三千强。湖北省，採衆長，四百餘人東西洋。』在陳念礽、辜鴻銘的開導下，張之洞還有意倣照西方城市的格局來重塑武漢三鎮的面貌。他在漢口修建了被後人稱爲『張公堤』的後湖長堤，又在三鎮市區修築了十餘條頗爲規範的近代馬路，大大地改觀了古城市容。

他又建起湖北電話公司，在漢口、武昌設立分局，裝有磁石式電話機三十部，開啓中國地方市内電話的先河。又加速完成滬漢、京漢、粵漢、川漢、湘漢五條電報幹綫的建設，使武漢三鎮很快成爲全國電報網絡的中心。於是各大商號雲集武漢，他們將分號設於上海、廣州等地，負責進出口業務，自己坐鎮武漢的總號，衹需通過電訊來指揮各地分號即可。

張之洞又在武漢最先建起水電公司，通過水廠流出自來水，通過火力來發電。

工廠、馬路、電訊、水電，一座粗具現代化格局的新城市，在張之洞治鄂的後期，終於崛起在古老的神州大地，爲日後中南地區的經濟發展奠定厚實的基礎。

第二十章　後院起火

就在張之洞忘記老之將至而全力經營湖廣新事業的時候，扼控全國命運，也同樣扼控他本人命運的朝廷樞垣，又泛起了微妙的漣漪。作爲政治平衡杆上的一枚重要砝碼，張之洞在毫無心理準備的時候突然被内召京師，授予大學士、軍機大臣的崇職，步入晚年歲月中的最後一段時期。他迎來榮耀的頂峰，同時也走到事業的末路。

凱有所藉口，同時調張之洞進京，一樣地進軍機處。

保定城裏的袁世凱對朝廷的用心洞若觀火，却發作不得。他領下聖旨，有意磨蹭，爲的是在保定城裏與過路進京的張之洞見面，以便通過再一次的隆重接待而以輸誠意。

無論是從私心的欽佩角度，還是從今後的利益相關，袁世凱都希望能像與朝中的慶王那樣，與張之洞建立非同尋常的情誼。

七十一歲的張之洞雖捨不得離開經營了將近二十年的湖廣，却也對自己晚年能得到大學士、軍機大臣的待遇而滿意。人生追求的最高境地是什麽，作爲儒家弟子來説，還不就是入閣拜相嗎？能做一代輔佐聖君成就大業的賢相，斯世足矣，夫復何求！身爲軍機大臣的大學士，有職有權，且可以天天面見太后、皇上。儻若能憑藉這一切，推動全國的洋務事業，使十八行省都能像湖北一樣學堂林立、工廠接踵，鋪上鐵軌、架設電綫、水電連通、馬路交叉，再加上用洋槍洋砲武裝起來的勁旅，古老的神州不就邁進了時代的前列，貧弱的中國不就成了富强之邦嗎？一花獨放不是春，百花齊放春滿園。武漢三鎮、湖北全省即便好，也衹是一城一省，衹有全國都好了，纔是整個中國的興旺。調入京師，身居相位，纔有可能實現這個願望。古稀之年的張之洞，懷着這樣一種美好的憧憬，留下湖北鐵政局督辦陳念礽等人在武昌繼續原來的洋務實業，帶着家眷和梁敦彦、辜鴻銘、陳衍等人告别鄂湘兩省的官場士林、局廠商界，躊躇滿志地登車北上。時序正是光緒三十三年仲秋。

兩年前，蘆漢鐵路已全綫通車。張之洞坐在豪華舒適的卧車廂，看着窗外的村莊田疇和那條年久失修，逶迤北上的千年驛道，想起過去進京時千里跋涉鞍馬勞頓，如今睡卧之間便穿山越嶺，一日千里，心裏感慨萬千。這條鐵路正是自己在光緒十五年間親手勾畫出來的。歷經幾起幾落的曲折，十多

年間在歷任直督的配合下，終於鋪設成功，正在每日每夜造福於國家百姓。可以想像得到，在今後的歲月裏，它將與南邊正在規劃中的粤漢鐵路連成一氣，對中國的自强偉業起着難以估量的作用。尤其令張之洞欣慰的是，蘆漢鐵路全綫運行僅一年便將全部投資收回。鐵的事實證明，自行籌款或向外國借款修築鐵路，是一件一本萬利的大好事。蘆漢鐵路的成功，將會促使整個中國鐵路事業的發展。

在一陣震天鳴叫聲中，火車緩緩啓動，張之洞佇立窗前，深情地望着傾注自己下半生全部心血的武漢三鎮，心情頗爲激動。

這座已具現代城市雛形的華中重鎮，眼下的器局不僅遠過京津，超邁穗港，就連有十里洋場之稱的大上海，也未必比它强過多少，至於它的靈魂——以鐵廠、槍砲廠和布、蔴、紗、絲四局爲代表的洋務局廠，則更是京津穗港所望塵莫及的。武漢三鎮，今天是海内徐圖自强的典範，明日就是富强中國的縮影。歷史無疑會記住湖北洋務爲中國强盛所作出的貢獻，歷史也決不會忘記我張某人的開創之功。

正在這時，他看到龜山脚下高大的煙囱正冒出一股濃重的黑煙，這景象給他以巨大的喜悦。他遥指窗外，孩子似的嚷道：『你們看，鐵廠冒煙了！』

梁敦彦、辜鴻銘、陳衍等人都圍了過來，順着他的手臂眺望着，果然見漢陽鐵廠的黑煙在越冒越濃。

陳衍有意恭維道：『香帥，您辦的這些局廠可謂天下獨有，海内無雙！漢陽槍砲廠要超過德國的克虜伯廠。』

這顯然是不合事實的出格頌揚，熟悉歐美現代大工業的梁敦彦，對陳衍這種文人習氣極不滿意，

但見張之洞正在興頭上，也不便潑冷水，衹是淡淡地笑着，不吱聲。

梁敦彥剛卸下江漢關道，經張之洞的推薦，就任新成立的外務部司官。

『可惜，衹有模樣，沒有精神。』不諳世故的辜鴻銘却不顧忌，他心裏想什麽嘴裏便説什麽。

辜鴻銘好與人擡杠。他的這種性格，張之洞和陳衍都清楚，所以也不生氣。

張之洞笑道：『湯生，你説話可要負責任，憑什麽我辦的洋務局廠衹有模樣，沒有精神？』

辜鴻銘也笑嘻嘻地説：『武漢的局廠我都去看過，歐美的局廠我看得更多，兩相比較，我有這個感覺：武漢的局廠與歐美的局廠模樣兒相似，但品性却相距很大。』

陳衍忙説：『模樣相似是個基礎，至於品性，可以慢慢培植，過些年後也就會差不多的。』

『你説得不對。』辜鴻銘較起真來，『模樣相似是沒有用的，關鍵在品性。湖北局廠，照現在這個路子走下去，是培植不了好品性的。』

張之洞開始有點不高興了。他問辜鴻銘：『你聽到什麽啦？』

『我正要跟您説哩，香帥。』辜鴻銘一臉正經地説，『武昌閭巷裏，流傳這樣兩句俚句，説是官劣而爲商，商劣而爲官。前者的代表是一大群進入局廠的候補道，後者的龍頭老大，便是鐵廠的督辦盛宣懷，經商發横財，現在做了朝廷中的一品尚書了！』

話是不錯，但在如此好氣氛下説這等敗興的話，這個辜湯生真是太不懂事了。梁敦彥見張之洞的臉色越繃越緊，心裏暗暗想着：必須把話題轉開。看着車窗外出現一大片沼澤地帶，他趕緊對張之洞説：『香帥，這怕是古書上所説的雲夢澤了。』

張之洞望了望窗外，説：『是的。楚襄王遊雲夢，游的正是這一片地方。』

陳衍的更大興趣也是在這談古論文上，於是忙插話：『這雲夢澤因爲楚襄王的遊歷而幻怪離奇，一直成爲歷代騷人墨客筆下的神秘之所。到了南宋時，有一個遊方道士路過雲夢，指着雲夢之北説，三百年後此地將出天子，不想這話給他説對了。』

這話撩起了辜鴻銘的極大興趣，禁不住問道：『天子是誰？』

張之洞斥道：『桑先生教了你一年的二十四史，你不好好讀書，這下子對不上號了吧！』

梁敦彥説：『我聽人説前明嘉靖皇帝以旁支從安陸進的京師，這天子是不是指的他？』

陳衍道：『正是。從此，雲夢在幻怪的色彩上又加了一道尊貴的光環。』

張之洞似有所思地説：『可見這荆襄三楚是一塊寶地，老夫的十九年心血不會白費。』

『那是自然的。』陳衍忙附和。

梁敦彥成功地將話題扭轉過來了。大家談歷史説掌故，一路談笑風生地穿過鷄公山，奔馳在豫中大地上。

次日午後來到了彰德府。

張之洞饒有興趣地問辜鴻銘：『湯生，我考考你，你知道彰德府城外有個著名的遺址叫什麽嗎？』

辜鴻銘這些年來發憤苦讀中國典籍，憑藉他過人的記憶力和悟性，他比幕府中許多宿儒更通中國學問。衹是他一直無機會作萬里行的壯遊，對中國的輿地所知甚少。他一向坦誠，知之爲知之，不知爲不知，遂笑了笑説：『我從未到過彰德府，真不知道這裏有個什麽著名遺址。』

張之洞捋鬚笑道：『我説湯生呀，你自夸對「四書」「五經」倒背如流，一到真要管用時，就露出先天不足的缺陷了。』

辜鴻銘望了望一邊微笑不語的陳衍：『石遺兄，這地方難道與「四書」「五經」有關？你告訴我吧！』

陳衍說：『聽香帥給你上課吧！』

張之洞說：『《盤庚》三篇，開篇第一句是什麽？』

『盤庚遷於殷。』不待張之洞說完，辜鴻銘便答道。

『對了。』張之洞指了指窗外。『這裏便是殷。』

『哎呀！』辜鴻銘驚叫起來，頭伸出窗外。『這裏就是三千年前的殷都了！』

陳衍笑道：『可惜現在一片頹廢，衹能叫殷墟了。』

張之洞望着辜鴻銘說：『彰德府城外有個叫小屯村的地方，就是當年殷都的所在地。光緒二十五年，當地老百姓從古墓廢丘裏發掘不少獸骨，因爲骨頭大，大家都叫它龍骨。都說龍骨可以入藥，治多年的風濕，於是北京同仁堂藥鋪就到這裏來收購。我的內兄王懿榮那時正做國子監祭酒，他自己本是一個高明的醫生，知道陳年獸骨的這種藥用功效，聽說同仁堂裏有從河南收購來的龍骨，便買了一些。他是一個有心人，在龍骨上發現了不少像文字一樣的東西。經過細細考證，認定這就是殷商時期記述卜筮的文字。就這樣，王懿榮無意之間發現了這個埋在地底下三四千年的絕大秘密。』

辜鴻銘伸出大拇指來讚道：『王懿榮真了不起！真偉大！』

『可惜，他在庚子年爲國捐軀了，龍骨上的文字没有繼續研究下去。』張之洞嘆口氣說，『若讓我自己選擇的話，我寧願不進京做大學士軍機大臣，倒是願意住在這裏，大量搜集出土龍骨，把這個研究做下去。』

第二十一章　翊贊中樞

陳衍說：『這的確是件比做軍機更有意義的好事。』

辜鴻銘認真地說：『香帥若呆在這裏做龍骨文字研究，我願伴着您，給您當助手。』

張之洞哈哈笑道：『可惜，我是身不由己，想留在彰德府也是不可能的呀！』

正說着，汽笛長鳴一聲，火車在月臺邊停了下來。侍役們忙着下車打水取食物。這時一位身穿二品補服的中年官員，在幾個隨從的陪侍下，走上車來。

那官員不須打聽，徑直走到張之洞的身邊，對正在看報的張之洞彎下腰說：『香帥，您還認得下官嗎？』

張之洞摘下老花眼鏡，將來人認真地看了看說：『你不是楊蓮府嗎？怎麽到這裏來了？』

『香帥好記性，下官正是楊士驤。』楊士驤謙卑地笑着說，『下官奉慰帥之命，特爲到彰德府來恭迎您，下官在此地已等候三天了。』

『坐吧，坐吧！』張之洞伸出手來指了指對面的沙發。『慰庭這人禮數太多了，打發你到彰德府來接我，躭誤你這多天，實在没有這個必要。不過，彰德府住幾天也不會白住，你去小屯村看過殷墟了嗎？』

『去過，去過！』楊士驤在沙發上坐了下來，樂呵呵地說，『我這次在小屯村買了三牛車龍骨，藉這列火車運到保定城，公餘要好好揣摩揣摩，興許能認出幾十個古字來。』

『太好了，太好了。』張之洞笑道，『到時你可以先給我看看，莫急着公佈於世，免遭方家譏笑。』

『香帥願意替我審覈，那真是求之不得的事了。我隨身帶了幾塊龜殼板，有幾個字，我自認猜得了七八分。請香帥看看，點撥點撥下官。』

『在哪裏，快拿給我看看！』張之洞一副急迫的神態，彷佛一個貪玩的兒童，焦急地向大人索取一件新奇的玩具。

楊士驤從隨從手裏接過一個布包。打開布包，露出十來塊沾着泥土的黑褐色龜板。張之洞急忙重新戴上老花眼鏡，取過一塊細細地審視着。辜鴻銘、陳衍等人也一人拿起一塊，十分好奇地觀看。奔馳北上的火車廂，頓時成了一個考古研究所。

看着張之洞的專注神色，楊士驤爲自己精心準備的這一招而慶幸。

楊士驤是直隸布政使。四年前，張之洞進京路過保定時，袁世凱在總督衙門設盛宴招待張之洞。張之洞坐在主賓席上，左邊坐着袁世凱，右邊坐着楊士驤。二人殷殷勤勤地款待着這位貴客。可張之洞並不十分知趣。他基本上不搭理左邊的主人，却對右邊的主陪很熱情。原因是楊士驤乃翰林出身，一肚子掌故學問，又極善言談，與張之洞很對路。他們一起談翰苑軼聞，談前朝舊典，高談闊論，津津有味，完全不顧及滿座嘉賓貴客。別人倒不覺得怎樣，袁世凱心裏則很不是味道。他是酒席的主人，張之洞不對他熱乎，已使他感到不快，更當着他的面大談科場翰苑，明顯是欺負他非兩榜出身，腹中無筍。袁世凱被冷冷地晾在一旁，臉上雖掛着笑容，心裏却嫉恨不已。

到了散席的時候，張之洞還送給袁世凱這樣一句話：『袁慰庭，想不到你一旦做了總督，身邊便會有楊蓮府這樣的人。』

這句話的言外之意是，你袁世凱本是一個粗人，衹是因爲你做了總督，身邊才會有纔子學人跟着；假若你没有這麼高的官位，這些人纔不會看得起你呢！袁世凱被這句話噎得半死。

張之洞走後，袁世凱氣得對楊士驤說：『張香帥這樣看得起你，你乾脆跟他好啦！』

楊士驤是個圓滑得可以隨意滾動的人。他知道袁世凱心裏不平，忙賠着笑臉說：『張香帥一副倚老賣老的架勢，他即便要我去，我也不願伺候這種人。他在慰帥您的面前大談文事，其實恰暴露出他不懂軍武的弱點。他是個乖巧的人，衹有談文事方可保全自己的臉面，若在您的面前一談帶兵打仗的人，便立即露了餡。我知道他的底細，衹是不說破罷了。』

楊士驤這番話說得袁世凱轉怒爲喜，想一想張之洞已到了衰暮之年，實在没有必要跟他計較，於是很快便釋懷了。這次袁世凱決定再來一次籠絡張之洞，打算派一個人遠到他的家鄉河南彰德府去迎接，以出格的禮節來表示自己這一番仰慕之心。他立刻就想到了能與張之洞談得來的楊士驤。楊士驤想，從彰德府到保定城，要坐將近一天的火車，再談得來，也不可能談一天的話。要怎麼樣來討得老頭子的歡心，讓陪伴的這一天過得歡快而充實呢？他想來想去，想到了殷墟裏出土的龍骨。在彰德府上車，從龍骨談起，豈不會引發這位雅好古董的老名士的極大興趣嗎？

這一招果然靈。張之洞、辜鴻銘、陳衍和楊士驤四個人，面對着這十幾塊龜板，圍繞着甲骨文這一新興的學科，有着無窮無盡的話題。不知不覺間，列車已進入保定車站。保定城已是萬家燈火的初夜時分。車剛一停穩，月臺上便響起一片西洋軍樂聲。一行穿着簇新北洋軍禮服的吹鼓手們，或握銅號，或背銅鼓，在一個手執銀杆人的指揮下，整齊而嘹亮地吹奏一首滿車人都聽不懂的樂曲。

楊士驤起身對張之洞說：『請香帥下車，在保定城住一夜，袁慰帥已在督府衙門擺下接風酒恭候。』

張之洞說：『我看就不要下車了，這麼多人去吵煩袁慰庭，也過意不去。你就下車去覆命吧，代我們謝謝他。』

楊士驤急道：『慰帥派下官去彰德府迎接，就爲了請您在保定城住一夜。請香帥看在這番誠意上，賞臉下車吧！』

陳衍也覺得袁世凱用心太厚了，若不下車，也說不過去，便對張之洞說：『袁慰帥是真心誠意請香帥下車，香帥給他這個面子吧！』

張之洞笑了笑說：『袁慰庭這人，說好，好在這裏；說不好，也不好在這裏。一個官員，太注重迎來送往，太待人熱情周到，就會分散心思，影響辦實事。』

楊士驤忙說：『袁慰帥因對您格外仰慕，纔如此出格逾禮。對於別人，他並不都是這樣的。』

這句話說得極得體，既袒護了袁世凱，也擡高了張之洞。

『好吧！』張之洞起身說，『也不要讓袁慰庭太掃興了。湯生，石遺，你們陪我到袁慰庭那裏走一趟。崧生不舒服，你就和其他人留在車上不動，明天一早我回來就開車。』

衆人簇擁着張之洞走下車廂。腳剛一落到月臺上，便有一個穿着耀眼軍服的青年軍官跑上前來，向張之洞行了一個舉手禮，聲音洪亮地說：『北洋第一鎮第一協第一標標統馬如龍奉袁大帥將令，在此恭迎張大帥，請張大帥一行上轎。』

張之洞檢閱過江蘇的自强軍、湖北的新軍，對這一套並不陌生，衹是心裏想，我又不是來檢閱北洋軍隊的，何必如此！袁世凱這人太多事了。

他對着軍樂隊揮了揮手，便向着前邊走去。就在這時，軍號吹響，鼓樂齊鳴，月臺上再次熱鬧起來。

張之洞上了綠呢大轎，在星月燈火中穿街走巷。突然眼前一片明亮，扶着轎杠陪同前進的一位小

吏隔着轎簾說：『張大帥，總督衙門到了。』

張之洞挑起轎門簾，看到高大木牌坊後面黑壓壓的一大片人，兩旁高高地懸起四根燈鏈，在夜色中顯得璀璨壯觀。

綠呢大轎在木牌坊面前停穩，扶杠小吏將轎簾掀起，張之洞剛一邁出轎門，便聽見旁邊響起洪亮的豫東口音：『張香帥，一路辛苦了，晚生袁世凱恭候香帥光臨保定！』

原來，迎在轎旁的正是袁世凱，緊跟他身後的是直隸臬司、糧道、兵備道、保定知府以及北洋六鎮的高級武官們。燈光下，但見粗矮壯碩的袁世凱一身官服，面帶微笑，神采奕奕。身後的文武個個精神抖擻，雖已是八九點鐘的夜晚，却不見絲毫疲憊倦怠之色；尤其那些武官，佩刀仗劍，筆立挺拔，英武之氣畢露無遺。張之洞在心裏嘆息一聲：『老夫不如此人！中國的希望或許在他的身上。』

張之洞一改前兩次的倨傲不恭之態，笑容滿面對袁世凱說：『慰庭，你太多禮了！』

袁世凱再次打千：『香帥能賞臉下車，不僅是晚生的榮幸，也是保定全城的榮幸，若是白天，晚生會動員保定全城百姓來夾道歡迎。』

張之洞大笑：『若如此，乃老夫之罪過！』

說罷，拉起袁世凱的手，二人一道邁步向大門走去。

稍事休息，袁世凱便請張之洞入席。張之洞說：『老夫已在車上喫過東西，不必再喫晚飯了。』

袁世凱說：『爲請香帥，晚飯已推遲了三個小時，想必同寅們肚子皆餓了，請香帥莫再推辭。』

張之洞驚道：『何須如此！大家爲老夫餓肚子，老夫怎能心安？』

在袁世凱的陪同下，張之洞一行來到直隸總督衙門花廳。這裏早已燈火通明，熱氣蒸騰，十多席

八仙桌上羅列着山珍海味、美酒佳肴，香氣彌漫着整個花廳，飄散到直隸總督衙門前後院的各個角落。

坐定後，由袁世凱帶頭，接下來直隸司道、保定知府、北洋六鎮依次向張之洞敬酒，一個個揀最好聽的話恭維着頌揚着，直視張之洞爲當今的張陳房杜，一頂頂高帽子戴得老頭子頭暈暈的，心甜甜的。他怕自己酒後失態，每次敬酒都略微舔舔而已。袁世凱、楊士驤依舊分坐兩旁，不斷地夾送着各種珍饈美饌，張之洞也衹是揀點清淡的嘗嘗而已。

爲了彌補上次的過失，張之洞這次儘量多和袁世凱說話，不再有意和楊士驤說那些陳芝蔴爛穀子的事了。

『慰庭，你什麼時候進京？』

『不瞞香帥，晚生已經向太后、皇上遞了摺子，請求讓晚生依舊在直隸不動。』袁世凱放下筷子，挺起腰板，神態嚴肅地回答。

『你不願意進京？』

『也不是不願意。晚生自覺才能有限，不是做外務進軍機的料子，還是在直隸做總督順手些。』

『慰庭呀，老夫勸你一句。』張之洞又下意識地捋起鬚，擺出慣常的架子來。『你還不到五十，前程遠大。外官你已做了二十多年，歷練也已夠了，應該到京師裏去做做朝官。再說，朝廷對你依畀甚大，外務、軍機都是極重要的職位，決不在直督之下。中樞號令天下，做好了，對國家的貢獻，要遠勝一省督撫。』

對中外局勢已看透的袁世凱心裏冷笑着：這老頭子是真不懂時局，還是假作正經？這個時候，還

第二十一章 翊贊中樞

談什麼『中樞號令天下』！朝廷連派五大臣出國考查憲政的錢都拿不出，要各省分攤，它早已是一個空架子了，還有什麼號令天下的資格？眼下的朝廷與各省的形勢，跟晚周相差無幾。朝中的軍機宰相哪能與一個强省的督撫相比！老頭子莫非讓虛名給衝昏了頭？

袁世凱想到這裏，決定試探一下：『香帥，你歷仕兩朝，德高望重，從武昌調到京師，自是人心所望，朝野所歸。做了大學士、軍機大臣後，當然是以中樞號令天下，爲國家所做的貢獻要遠過湖廣兩省。晚生不能跟您相比，且做事顧大不及小，難免遭人譏評。晚生進京，衹怕反不如在直隸。』

張之洞說：『你平時做事，一向敢於負責，也頗自信，爲何一旦叫你進樞垣，反而畏葸不前了？太后年高，皇上多病，國家又值多事之秋，正是我輩爲君分憂、爲國操勞之際。想你袁家，自端敏公起到令尊，都是救時的忠臣。你應當以先人爲榜樣，國事爲重，自家爲輕。好在你我同在軍機，有事還可以一起商量嘛！』

國事爲重，自家爲輕。這樣的語言，袁世凱衹是童稚時代，從塾師的口中聽到過，這幾十年的軍戎官衙之中，他再也沒有聽人說過這種話，自己心裏也從不存這種念頭。想不到這個白髮消瘦的古稀老頭，却吐出這等久違的古訓來！一股憐憫之情油然而生：張香帥呀張香帥，今日四海之中還有幾個像您這樣想，大清朝廷包括老佛爺在內，有幾個像您具這般心思？如此禮崩樂壞、人心鼎沸之際，您怎麼還信奉這過時發霉的名教？

不過，袁世凱倒也從這兩句話中看出張之洞的爲人來。儒家信徒多迂腐，然則也多厚實。張之洞如此篤信儒學，他也一定是個既迂又實的人。與這種人打交道，不必擔心他會兩面三刀、傾軋陷害。今後到了軍機處，還得多靠他爲自己擋點風雨纔是。

袁世凱誠懇地說：『香帥的教誨，使晚生大開茅塞。袁家三代深受國恩，晚生自當盡忠國事，不以個人爲懷。若太后不准奏，晚生也不再堅持了。早日進京辦事，朝朝夕夕可得香帥指教，請香帥到時切莫以晚生愚鈍而嫌棄。』

張之洞笑道：『你都愚鈍，那天下無聰明人了。』

另一桌上，直督幕府總文案楊士琦等人陪着辜鴻銘、陳衍，也是觥籌交錯，談興甚濃。楊士琦對他的主子袁世凱很是崇拜。言談之中對袁的本事之大發跡之快欽佩不已，說起袁的一妻八妾之艷福及其後院之宏闊豪華來，更是垂涎不已。辜鴻銘瞧不起楊士琦這副巴兒狗的神態，更對袁世凱的聚斂貪婪甚爲厭惡，趁着酒興，他笑着對楊士琦等人說：『我給你們說點洋人的事吧！』

直督幕僚們都知道這個混血兒的不凡經歷，於是紛紛舉盃叫好。其中一個年輕人更是嬉皮笑臉地說：『辜先生，你逛過洋窑子嗎？洋嫖客和咱們中國嫖客有不同嗎？』

辜鴻銘聽了這話，又好氣又好笑：『洋女人我倒是有幾個相好的，洋窑子可没去逛過。但我知道洋嫖客和中國嫖客是有不同的地方。』

『有哪些不同？』五六雙眼睛餓狼似的瞪向辜鴻銘。

『洋嫖客嫖娼爲己，中國嫖客嫖娼爲人。』

辜鴻銘的這兩句話把滿座給弄糊塗了。這些飽讀『四書』『五經』的幕僚都知道孔子有句名言，道是『古之學者爲己，今之學者爲人』，却對辜氏的這兩句嫖經頗爲費解。這是什麽意思？難道中國嫖客嫖娼是給别人看的？

那個年輕人央求道：『辜先生，請你解釋下。』

辜鴻銘原本不過借用《論語》兩句話來標新立異、聳人聽聞罷了，其實並没有什麽深意在裏面。年輕人這一問，他一時倒給噎住了。好在他腦子靈活，立即便有了答案：『你們不知道，外國人富裕，温飽不愁，做娼妓的衹是變個法子來尋樂趣而已，故嫖客也不需花費太大，彼此都是爲了自己。中國女人做娼妓，多爲生活所迫，賣身是爲了錢，恨不得一夜掏盡嫖客的半年薪俸，所以中國的嫖客爲的是養活娼妓。這不是爲人嗎？』

年輕人感嘆起來：『看起來下輩子一定要做個洋人纔是，連當嫖客都當得瀟灑。』

衆人都笑起來。

楊士琦說：『還是聽辜先生說洋人的事吧！』

『有一天，一個來華的英國紳士對我說，你在英國多年，知道英國人有貴種賤種之分嗎？我衹知道印度人有這種區分，在英國時倒没有聽說過。我如實以告。那個紳士說是有分别的，衹是你不知道罷了。我問他如何區别。他說，看他們到中國後的表現便知道了。凡英國人在中國住了許多年，體形不變的則是貴種。若到了中國没有多久，便迅速發胖，大腹便便的則是賤種。我問這話從何說起。那紳士說，在中國，各種食品，都比英國便宜，凡賤種都喜歡貪小便宜，於是大喫大喝，很快就贅肉纍纍了。』

一個幕僚禁不住插話：『辜先生，用這種辦法真的可以分出賤種貴種來嗎？』

『我後來有意觀察，證明這個紳士所說不誣。』辜鴻銘滿臉正色地說，『其實，用這個辦法也可以區分出中國官場的貴賤來。凡做官的，取錢取物都遠比老百姓容易。貴種則不以這種容易而多取，謹守本分，飲食起居與常人無異。賤種却不然，他們利用手中的權勢，大量攫取民脂民膏，肥私利己，

大起洋樓，廣置良田，小老婆討了一個又一個……』

『哈哈哈！』剛説到這裏，聽者都知道辜鴻銘的醉翁之意了，不約而同地哄堂大笑起來，弄得楊士琦臉上尷尷尬尬的，很不自在。

陳衍知道辜鴻銘的老毛病又犯了。他生怕弄得主人不快，忙圓場，端起酒盃對楊士琦説：『我們這個辜湯生，是逢佳朋美酒則話多，今天各位既是博雅君子，燕地之酒又醇厚甘美，他説起話來便口無遮攔了。來來，我和湯生借花獻佛，敬楊總文案和各位一盃！』

於是大家都舉起酒盃，十分豪氣地互碰了一下，均一飲而盡。

在主客皆歡之中，直督衙門的奢豪夜宴終於結束了。

袁世凱對張之洞説：『今夜請香帥委屈在幽燕客棧歇息。明天上午，晚生再恭送您上車。』

張之洞説：『吵煩太多，明天你不要送了。』

楊士驤説：『慰帥想盡盡地主之誼，香帥您就不要推辭了。』

袁世凱説：『晚生知香帥一向不受別人餽贈，故也不敢備什麼禮相送。衹是有一樣東西，晚生和蓮府商議着要相送，想必香帥不會推辭。』

張之洞望着楊士驤説：『什麼東西？』

楊士驤笑着説：『就是從彰德府帶來的那些個寶貝。』

張之洞還沒有回過神來，袁世凱説：『蓮府對晚生説，香帥昨天在車上，對殷墟龍骨有極大的興趣，好些個文字已被香帥破譯了。晚生説，既然香帥是考訂龍骨的專家，不如把你帶來的那三牛車龍骨都送給香帥，供香帥公餘賞玩研究。蓮府説，就不知香帥肯不肯賞臉收下。』

『老夫收下，收下。』張之洞從來沒有這樣爽快地接受別人的贈與。『老夫把它們都帶到京城裏去，如果能看出點什麼名堂來的話，説不定今後還要麻煩彰德府替我多收集點送來。』

楊士驤高興地説：『這個容易，我立即打發幾個人去彰德住上半年，好好地再收集幾牛車龍骨來，運到京城裏去！』

張之洞笑道：『莫着急，待老夫先好好看完這三牛車再説。』

望着張之洞等人的綠呢大轎消失在夜色中，楊士驤對袁世凱説：『看來老頭子這回讓您給籠絡上了。』

袁世凱道：『這還得謝謝你的那些爛牛骨破龜板！』

楊士驤説：『拿什麼謝我？』

袁世凱反問：『你要什麼？』

『直隸總督！』

『行。』袁世凱立即答應。『不過有一個小條件，你每年至少得給我五十萬兩銀子，我好應付京城裏那班餓鬼。』

楊士驤點點頭：『這好説。』

朝廷的要職，國庫裏的銀子，就像做小買賣似的，如此三言兩語就給敲定了。

二　力禁鴉片的張之洞没想到十多年來居然自己天天在喫鴉片

抵達京師，安頓好的第二天，張之洞便進宮遞牌子，請求召見。第三天上午，慈禧召見張之洞於養心

殿東暖閣。中秋節臨近了，太后賞張之洞節禮：福、壽字各一幀，各色月餅兩大盒，金銀餜子各五十個，西湖藕粉四斤，廣西沙田柚二十個。當內務府將這些御賞擡到先哲寺張寓時，大家都歡忭喜悅，但真正的被賞者却高興不起來。

原來，太后衹和他談了不到半個鐘點的話，全没有四年前見面的那種君臣相對而泣的親熱感。最令他意外的是，太后叫他依舊管理學部事宜，繼續四年前的未了之事。至於張之洞最關心的立憲大事，太后隻字未提。張之洞走出養心殿後心裏納悶着：將我張某人從武昌調來，難道就是學部的事無人管嗎？以體仁閣大學士軍機大臣來做學部大員，這辦學堂的事情，難道在太后的眼中竟有如此高的地位嗎？

令張之洞憂忡的還有兩宮的健康狀況。七十三歲的太后儘管濃妝濃抹，仍不能遮掉她顔面上的蒼老。太后斜靠在龍椅上，聲音輕微而乾澀，全然没有了過去的甜美柔潤，令人聽了很不舒服。

顯然，半個鐘點的談話，對她已是一個很大的負擔了。看來召見時間的短促，很可能不是對自己的冷漠，而是體力不支。想到這點後，張之洞的心情十分沈重。他對太后一生充滿着感恩戴德之心，儘管有庚子年的重大失誤，但太后在他的心中依然是值得尊敬的。現在，這位執掌大清江山近五十年之久的皇太后，真正到了油盡燈乾的時候，他怎能不憂慮！儻若皇上是個聖明之主，太后即便撒手而去，國家也可在平静中度過那段悲痛的時候，但偏偏是皇上既不聖明，又沈疴在身！

召見時，皇上並未在座。張之洞在請皇上聖安的時候，慈禧衹冷冷地答了一句：『皇帝在瀛臺養病，已有半年多不見臣工了。』母子之間的深重隔閡已讓張之洞心驚，而外間關於皇上病勢沈重的傳聞，也在這句没有任何感情在内的話中得到證實。

第二十一章　翊贊中樞

太后衰老，皇上病重，大清朝的又一次重大變故迫在眉睫，此時的大學士軍機大臣，將要面臨着怎樣的艱難乃至危險！

正在沈思時，衹見大根進來禀報：『鹿中堂來訪！』

自從前年夫人去世，大病一場後，鹿傳霖是明顯地衰老了。他渾身虚胖，四肢乏力，在自家後院散散步都感到疲倦，入秋以來，因爲氣候乾爽適中，纔略覺好受一些。

郎舅同拜大學士共處軍機，這是少有的殊榮，鹿傳霖自應來看望看望，同時也要和内弟好好聊一聊。

張之洞也巴不得早日和姐夫見一見面。聽説姐夫主動來訪，忙親自出大門迎接。

聊過一番家事後，兩個軍機大臣都更有興趣談軍國大事。鹿傳霖向内弟介紹了軍機處的近况。軍機處現有五人：慶王奕劻，文華殿大學士、禮部尚書世續，他本人再加上新進的張之洞和袁世凱。揣摸太后的意思，醇王載灃也即將進軍機處。

『載灃進軍機處？』張之洞摸着枯白而稀疏的長鬚，邊思忖邊説，『是不是醇王府又會出一代天子？』

皇上雖衹有三十八歲，但這一兩年病情很重，知内情的人都曉得皇上的病好不起來，龍馭上賓衹是早晚的事了。皇上没有兒子，天命將歸於何人，這是京師高級官員們最爲關注的大事。如果看準了，早下功夫，將是一本萬利的絶大生意。一年前，奕劻的兒子載振曾被人看好。論血脈，載振是遠了點，但奕劻現在是太后之下、萬人之上的實權在握者，太后對他聖眷最隆，而且載振聰明伶俐，模樣周正，甚得太后的歡心，年紀輕輕就做了新成立的農工商部尚書，顯然是在着意培植他。但不久，

楊翠喜一案被披露，載振的皇儲一説也便隨之而破了。原來，朝廷準備新設黑龍江、吉林、遼寧三省，派徐世昌與載振去東北實地考查。袁世凱的小站親信候補道段芝貴，在老主子的支持下想謀取黑龍江巡撫一職，趁着徐世昌、載振過天津的時候，用一萬二千兩銀子買下津門名伶楊翠喜，送給好色的公子哥兒載振。果然，這一美人計十分管用。段芝貴很快被任命爲黑龍江巡撫。此事被御史告發，雖後來經奕劻、袁世凱周旋，没釀成大禍，但到底引起慈禧的反感，載振被迫辭去尚書一職，段芝貴的黑龍江巡撫也泡湯了。載振做不成皇儲了，皇儲又可能是誰呢？大家將各王府排來排去，一時都難以拿準。

鹿傳霖點點頭説：『你的猜想有道理，我和世續也是這樣認爲的，很可能由載灃來繼承他二哥的位置。』

張之洞説：『我看載灃的可能性不大。皇上剛繼位的時候，太后就許下承祧穆宗的諾言，若載灃繼位，太后還能看到她親生兒子的承祧人嗎？我想，這天命多半要落在載灃兒子的頭上。』

這話提醒了鹿傳霖。他拍了一下腦門，臉上欣欣然地説：『還是你看得透徹。載灃的兒子溥儀兩歲多了，載灃雖是老醇王的側福晉劉佳氏所生，但他的福晉瓜爾佳氏則是太后指定的。瓜爾佳氏是榮祿的女兒，榮祿很受太后的器重。那年病逝時，太后不僅親去弔唁，還動了真情，哭了。』

張之洞説：『你這一説，事情就越發明朗了。今後我們對這位小醇王，就更不能等閒視之。你與他打過交道嗎？』

『見過幾次面。』

『人怎麼樣？』

鹿傳霖説：『長得還算清秀，對老臣們也還有禮貌。祇是器宇不宏闊，見識平庸，頂多祇能算個中下之材。』

『唉！』張之洞嘆了一口氣。『多年前，有一位朝廷大員就對我説過，遍視近支王府，找不出一個像樣的人物來。王室乏人，此乃國家之大不幸。』

鹿傳霖説：『還有一件事，我也很憂鬱。太后這幾個月時常鬧病，七十好幾的人了，時常鬧病，可不是好徵兆。萬一她走在皇上前頭，這事豈不更麻煩了！』

『是呀！』張之洞輕輕地附和着。心裏想：萬一這種事情出現了，誰來應付這個亂局呢？做湖廣總督時可以不想這種事，可如今身爲大學士、軍機大臣，到時是想推都推不掉的呀！國家大事，千頭萬緒，這立儲立君，可是頭等大事呀。未雨綢繆。作爲相國，第一要綢繆這樁事纔對！

『香濤，你知道，袁慰庭爲何被調進京城嗎？』鹿傳霖換了一個話題。

在張之洞看來，袁世凱調進京，應看做是太后對他的重用。儘管總督與尚書品銜相當，但外務部的前身是總理各國事務衙門，主持者從早期的奕訢、文祥，到近期的李鴻章、奕劻，其地位都遠在一般總督之上。袁從直督到外務部尚書，地位應是上升的，何況又兼軍機大臣，不應該是某些人所説的明升暗降。張之洞説了這番看法，但鹿傳霖搖了搖頭。

『這是滿洲親貴在打擊他。香濤，你或許不知道，眼下京師一個新的朋黨正在形成，這就是滿洲親貴黨，它的盟主是肅王善耆，骨幹有良弼、載洵、載濤、鐵良等人。』

十多年前陪俄皇太子訪問武昌的善耆，過去因受慈禧的壓抑，一直不問政事。他的最大愛好是唱皮黃，常召伶人來王府演戲取樂，他自己有時也粉墨登場。近兩年善耆受西風影響，也愛議論立憲改

制等國事，很想通過變革來改變自己無實權的冷王爺身份。載洵、載濤是載灃的同母弟，因過繼的原因都早早地封了貝勒。這兩個貝勒雖年輕無本事，却有很强的權力慾望。鐵良、良弼都出身於貴族，從日本士官學校留學回國，鐵良已長新成立的陸軍部，良弼是鐵良的助手。善耆既是王爺，又年長，便自然成了這個新黨的頭領。

『革命黨頭目孫文等人在日本組建同盟會，提出驅逐韃虜的口號，將滿漢之間的嫌隙重新挑起。善耆這一班滿洲親貴們血氣特盛，想要來個針鋒相對，全部排斥漢人。香濤，你還不知道，近來京師滿漢對立到了何種地步，有的衙門，甚至滿漢之間互不交言。』

張之洞一驚：『滿漢不交言，公事如何辦？』

『如何辦，衹有拖下不辦唄！』鹿傳霖無可奈何地搖搖頭。『鐵良雖然長了陸軍部，袁世凱訓練的北洋六鎮也有四鎮劃歸了陸軍部管，但北洋軍隊是袁世凱訓練出來的，部屬們都聽袁世凱的話，不買鐵良的賬。鐵良等人於是將袁世凱視爲大清朝最大的隱患，要徹底削掉他的實權，故而將他從保定調到京師。』

『噢——』張之洞長長地嘆了一口氣。他似乎已看到前面道路上的亮光在一點一點黯淡下去。

後來，張之洞不斷地從兒子仁權以及其他舊友那裏聽到類似的話，大家爲張之洞勾畫了這樣一個時局。

一是朝廷對改制一事舉棋不定。各省都有立憲的呼聲，海外更有立志推翻朝廷的革命黨。於是有一些大員認爲，與其被革命掉，不如立憲，尚可依舊維持皇室至高無上的地位。以載澤爲首的五大臣考察東西方各國憲政回國後，也倡導立憲變制。載澤是慈禧的侄壻，他的話慈禧還能聽得進去。慈禧

知民心在立憲，但她本人又不能接受這個新事物，遂來個預備立憲，待九年後再行憲政。她的內心深處的想法是，九年後她已死了，到那時你們愛怎樣就怎樣吧。慈禧的真意明眼人一看就清楚，於是大家都敷衍着，預備立憲就變成了假立憲、不立憲。社會上反對之聲很强烈，朝廷處在衆矢之的的位置，日子很不好過。

二是滿漢對立嚴重。一批滿洲少壯派力主排斥漢族大員，將國家大權全奪過來，掌握在自己手裏。朝廷各部各衙門的漢員人心惶惶，無意做事。

三是去年的官制改革，將過去的舊秩序打亂了。由於內外形勢不安寧，新的秩序建不起來，官場基本上處於癱瘓狀態。

四是太后高齡多病，皇上朝不保夕，大清的家今後還不知誰來當，大家都在觀望之中。公事得過且過，做一天和尚撞一天鐘，甚至衹做和尚不撞鐘。朝廷上下，雖官員林立，實際上是一盤散沙，稍有個風吹草動，便有可能頃刻崩塌！

唉，張之洞可真沒想到，京師的狀況竟是這樣的糟糕。面對着如此局面，能做什麼呢？你說要各省都像湖北一樣辦洋務嗎？你一個人的話，督撫不會聽，你先得說服軍機處。軍機處的領班是慶王，慶王的心思在個人聚斂，國家是否强盛，他並不放在心上。他能支持你嗎？即將進來的醇王當然也是領班，他的心思自然放在醇王府裏出第二代天子的事情上。他能有這份閒心來管各省的洋務嗎？即便軍機處同意，還得奏請太后、皇上，眼下的太后、皇上自身處在病痛之中，他們哪裏會去管國家的事？張之洞終於明白了，這大學士軍機大臣原來並不是做慣了督撫的人所能做的差事。想想自己，從光緒七年外放山西巡撫以來，獨當一面，獨自主政，已經二十六七年了，特別是諒山大捷以後的二十

三四年裏，主持兩廣，經營湖廣，真個是臺上一呼階下百諾，想說什麼說什麼，想幹什麼幹什麼，無人阻擋無須禀報。人們將督撫比之爲一方諸侯，真是再恰當不過了。怪不得，功高蓋世的曾國藩一直安於兩江總督的位置，怪不得英雄一生的左宗棠衹做了三個月的軍機大臣便急着離京去做閩浙總督，原來他們都是大明白人啊！張之洞想到此，禁不住心中悲涼起來。北上前的滿腔懷抱消解了多半。他甚至有點後悔，不該在這種時候貿然進京。

辜鴻銘不知張之洞的心事，歡快地闖了進來，喊了一聲：『老相國。』

自從抵京的那天起，大家便一律改口，不再叫香帥，而叫老相國。不是總督，自然不能稱帥，大學士就是宰相，這稱呼的改變是恰當的。前幾天張之洞聽了很覺舒服，今天聽辜鴻銘這麼一叫，他倒覺得身上陡然加了一道無形的壓力。

『老相國，聽說太后賞了您紫禁城騎馬的特殊待遇。您今後入宮，是不是騎着馬去？』

面對着這個沒有機心的混血兒的天真提問，張之洞不覺笑了起來：『紫禁城騎馬，就是騎着馬進紫禁城嗎？』

辜鴻銘被張之洞這一反問，倒弄得糊塗起來。他摸了摸光秃秃的前腦門，用至今仍不標準的中國話問：『這我就奇怪了，明明說是賞紫禁城騎馬，爲什麼又不是騎馬進紫禁城呢？』

張之洞說：『賞紫禁城騎馬，就是賞一個這東西。』

說罷，順手將茶几上的一樣東西遞過來，辜鴻銘忙接過。原來這是一根尺把長拇指粗的小木柱，木柱的一端拴着一根兩尺餘長的紫色絲縧。辜鴻銘端詳許久，問：『這是什麼？』

『這是一根馬鞭。』張之洞淡淡地回答，『馬鞭就意味着騎馬。太后賞你這根馬鞭，就等同在紫禁城騎馬，並不是要你真的騎馬進宮。』

辜鴻銘睁大着一對灰藍眼睛，說：『即便是馬鞭，這也不是呀！這種馬鞭作得什麼用，衹配在舞臺上做馬鞭的道具。』

張之洞說：『説得好，它衹是道具。湯生，你知道嗎？人生就是一臺戲，身邊所有的擺設，即便是名利，也不過道具而已。』

辜鴻銘的灰藍眼睛睁得更大了。他跟隨張之洞二十多年了，從來衹見他汲汲乎事功，何曾有過半句『人生如戲』的悟道話！難道說進入樞垣位極人臣，反而還頹喪了嗎？

學部也真是沒有什麼可管理的。京師大學堂的章程早已定好，剩下的事衹是學堂本身的按章辦事罷了。辜鴻銘提出向西洋學習，在首都建一個國家圖書館。張之洞很贊同這個建議，遂專門上了一道摺子，請建京師圖書館，雖得到允准，但經費沒有着落，京師圖書館也便衹是一紙空文。

不久，廣東和四川又重提粵漢鐵路和川漢鐵路的舊事，閒不住的張之洞又自請充任督辦這兩條鐵路的大臣，但也衹是掛名而已。因爲種種原故，鐵路修建的進展十分緩慢。

張之洞在京師，雖然位居大學士軍機大臣，却仿佛有閒人之感，國家的重大決策以及各省督撫將軍的人事任免，似乎都衹是在慶王、醇王和世續這幾個滿洲王公大臣之間暗中進行似的，他和鹿傳霖、袁世凱等人都若隱若現地被排除在這個圈子之外。張之洞所做的事，多爲祭祀、典禮、陪同接見外國公使之類可有可無的應酬。想起十八九年間武昌王的風光，他心裏既空虛又鬱悶。

這一天上午，他獨自坐在家裏，漫無目的地翻看近日印發的各類報章。大根進來禀報：『有一位官員打發僕人送來一封信函，僕人說他家老爺是四叔您的故人，希望來拜訪您。』說着將信函遞過去。

張之洞心想：是哪位故人？當年的清流朋友，還是從兩廣兩湖調進京師的過去僚屬？邊想邊將信拆開，一張印製精美的大紅名刺從信封裏掉了下來。他拿起一看，上面寫着：滿洲正白旗呼拉爾貝子嫡長孫，前太常寺卿，蒙恩加三級致仕，頤年堂主葆庚字嘯亭。

張之洞心裏罵道：原來是葆庚，他有什麼資格稱我的故人？信封裏還有一張紙，張之洞將它抽出來，衹有短短的幾行字：『太原別後至今，二十五六年了。歲月匆匆，你我都垂垂老矣，想必閱歷會給你帶來真學問。聞已拜相進京，能否於萬幾中抽半日之暇，以叙舊情？』

一股極大的不悅衝上腦門，他將葆庚的名刺和信扔在一旁，躺在椅背上呼呼出氣。

大根瞟了一眼名刺後問道：『原來是先前的山西藩司葆庚，他不恨死了您嗎？爲何還要來見您？』

是的，他爲何要見我？張之洞默默地思索着：若説我現在是大學士軍機大臣，他想巴結的話，名刺上明明寫着『致仕』二字，既已不做官，就没有巴結的必要。若説叙舊情，山西的舊情衹能使他痛苦，没有哪個人願意自揭傷疤，何况當着刺傷他的人的面？

那麼衹有一點，葆庚是想在我的面前炫耀他這些年的高官厚禄，炫耀他的蒙恩加三級致仕。而且還要翻案：他當時没有錯。『真學問』三個字，不是分明指責我當時衹憑書生意氣而缺乏真學問嗎？

好個貪官污吏葆庚！他既敢這樣肆無忌憚地在我面前耀武揚威，把他叫來，好好地訓斥一頓。張之洞正要大根把這話告訴送信的人，轉念一想，又覺得大没意思：是誰使得他失之東隅，收之桑榆？是誰使得他敢於否定自己的罪行，秋後算賬？還不是朝廷嗎？還不是有一批居高位掌重權的人和他站在一邊嗎？張之洞又想起剛到武昌不久，便收到曾國荃寄來的由王定安寫的《湘軍記》。在序言裏，曾國荃竟然無視事實，顛倒黑白，稱王定安爲異才，衹因命運不好而仕途不順。當時他真想和這個橫蠻不講理的曾老九打一番官司，衹是那時正在籌建鐵廠，忙得不可開交，實在分不出這份心來纔作罷。許多正派清廉的人受壓遭屈，痛苦一生，却有更多像葆庚、王定安這樣的宵小之徒，偏偏左右逢源，快樂享受一輩子，説不定還要在史册上留下一個美名。這天道人世，難道真的原本就不公不平嗎？

張之洞很有些心灰起來，吩咐大根：『你告訴送信的人，我近來身體不適，見面一事，以後再説吧！』

大根心裏有氣説：『四叔，讓他來，您教訓他一頓，殺一殺這個老東西的威風！』

張之洞嘆了一口氣，苦笑道：『我平生有三不争：一不與俗人争利，二不與文士争名，三不與無謂争閒氣。我犯不着與葆庚這種無謂人争閒氣，弄得自己不舒服。』

就在張之洞進京後事事不順，心情抑鬱時，武昌城又給他傳來一件極不幸的消息：珮玉永遠離開了他和孩子們，撒手走了。

得到噩耗後，張之洞老淚縱横，一連幾天都沉浸在悲哀之中。

自從光緒十年珮玉過門來，陪伴他至今已是二十三年了。二十三年間，珮玉爲他生下兩個兒子，爲他操持家政，勤勤懇懇任勞任怨，奉獻了一個女人的全部生命。離開武昌時，珮玉雖已病重，但還衹有五十一二歲，張之洞没有想到她會先他而去，衹是囑咐她好好養病，病好後再進京。仁侃雖已跟着他北上，擬於明年與王懿榮的侄女完婚，但還有仁實在家陪着。另外，念礽準兒夫婦都近在咫尺，隨時可以照應。張之洞對珮玉留在武昌是放得心的。原指望她明年春暖時來京師，參加兒子的婚禮，不料竟然看不到兒子大喜這一天了！

張之洞悲痛的心情中更多的是愧疚。在準兒未嫁、環兒未過門的那八九年的日子裏，張之洞儘管忙碌，很少有繾綣纏綿、兩情相依的時候，但心裏還是有珮玉的。有時，他也會叫珮玉給他彈上一曲，在她優美的琴聲中感受到家庭的溫馨和珮玉對他的情愛。有時，他也會和珮玉興致濃郁地談些家常瑣事，回憶太原、廣州時的往事。在絮絮叨叨的對話中，感受到夫妻真情的可貴和世俗生活的樂趣。後來，環兒過了門，大大地分去了他對珮玉的愛戀。再後來，他一天天的衰老，又加之洋務局廠的諸多不順，珮玉雖仍給他操持家政，但他的心中却對她漸漸地澹薄了，有時甚至不會感覺到她的存在。

張之洞知道，最後使珮玉生下大病並一病不起的則是因爲織布局事件。

由李滿庫而引帶出的織布局事件，給張之洞很大的打擊。事情後來的處理雖説還算滿意，但張之洞却一直將織布局事件視爲他洋務事業的一大污點。他恨李滿庫不争氣，給他丢臉，這種惱怒也自然遷到珮玉的頭上。珮玉爲此忍氣吞聲。她没有在丈夫面前爲弟弟辯護過半句，背地裏常常以淚洗面。就這樣，她終於落下病根。

張之洞也知道珮玉是無辜的。自己心緒平和的時候也會去勸慰她，但越這樣，珮玉越會深感愧疚，終於由自怨自艾而自害自戕！

張之洞猛然想到，像珮玉這樣善良而懦弱的才女，其實是不應該嫁到官家，尤其不應該嫁一個像他這樣以功名事業爲生命的大官丈夫的。儻若珮玉嫁一個與她志趣相投的男人，夫唱婦隨，琴瑟和諧，或許没有地位，也或許一輩子清貧，但夫妻之間以沫相濡，互爲依伴，內心是充實的、甜美的，不會再有别的女人進門來分出丈夫的愛，也不會因爲擁有權勢而導致意外的不幸。

娶珮玉的時候，張之洞對將給珮玉帶來幸福是充滿着絶對信心的。回頭來看，二十多年間，珮玉

跟着他，却並没有得到多少幸福。

回想過去做閒官的時候，他與石夫人、王夫人之間也曾有過很恩愛的夫妻情意，做督撫以後，一年到頭，有操不盡的心、做不完的事，家庭情趣的確少了很多。難道説，權與情就一定互不相容嗎？難道説，追求功名事業就必須要犧牲愛情和親情嗎？

張之洞真想回武昌去，親自祭奠一下珮玉，在珮玉的靈前訴説這些年的苦衷。但是，他一個堂堂相國，一個軍機大臣，能爲妾姨的死而離京離職嗎？這當然是不可能的。他叫仁侃立即趕到武昌去，主持母親的喪事。又特爲讓仁侃轉告準兒，要準兒在珮玉的靈前代他奏一曲《幽澗泉》，算是他爲珮玉送行。然後再把當年吳秋衣贈的桐木所製的那把『山水清音』琴焚燒在她的墳頭，讓她帶着這把琴上路，也表示他會永遠記住他們這段以琴相會的情緣！

因爲珮玉的突然去世，張之洞更加衰老，豪氣和雄心似乎正在一天天離他而去，他心中常有風燭殘年之感。這使他恐怖，也令他無奈。

趙茂昌送的人參半個月前就用完了。這半月裏他每天喝的從京師同仁堂買的人參，但效果相差甚遠，他愈來愈神志分散、精力不支了。環兒説：『趙老爺請人製的人參效果好，不如叫他來京師一趟，將技藝傳給大根，今後由大根照着製。』

張之洞想想也是，便發了一個電報到武昌電報局。做了十多年武昌電報局督辦，前些年又身兼湖北輪船公司督辦的趙茂昌，而今已是腰纏萬貫、富甲荆楚的實業家了。他接電報後乘火車來到北京。

張之洞説：『你在武昌，今後人參寄到我這裏不方便。你將你的製作方法告訴大根，讓他如法炮製，彼此都好些。』

趙茂昌遲疑片刻後説：『這事還是由我來做吧！我每個月寄一包給您，就不需要再買同仁堂的人參了。』

張之洞説：『那太費事了，你就傳給大根嘛，也讓他多一門手藝。』

趙茂昌心裏仍在猶豫。

見他一直不答應，張之洞心裏煩了：『你是不是有什麽絶技不願傳出來，别人不傳，難道大根都不傳嗎？』

見張之洞不悦，趙茂昌忙説：『没有絶技，也不是不願傳給大根。』

張之洞繃緊臉問：『那爲什麽不按我的話辦呢？』

趙茂昌已無路可走了，衹得説實話：『方法很簡單，衹是您聽了會不高興，這人參是從鴉片水裏泡出來的。』

『什麽？』張之洞大喫一驚。『這麽説來，我張某人等於喫了十多年的鴉片煙。你這個混賬東西！』

張之洞覺得有一種蒙受大騙的耻辱感。他怒不可遏，擡起脚來，朝着趙茂昌的身上踢去。他早已虚弱不堪，這一脚並没有踢痛趙茂昌，倒讓他自己跌倒在地！

衆人忙把他扶起。趙茂昌也走過來攙扶，張之洞怒氣未消：『你滚吧，我不想再見到你了。』

獨自坐在椅子上，張之洞心裏痛苦極了。他想起做山西巡撫時，雷厲風行挖罌粟苗禁鴉片煙的往事，想不到一個嫉鴉片如仇、與鴉片勢不兩立的人，竟然每日與鴉片相伴十多年，而居然一點不知！

『趙茂昌真是個小人！』張之洞恨恨地駡道。

『我看也未必。』環兒在一旁説，『趙老爺也是爲了你好。這十多年來，你喫了他製的人參，精力充沛，公事辦得好，六十四歲又生了個滿崽。你應當感激他纔是，怎麽反而駡他是小人呢？』

環兒這幾句話，句句説到點子上去了。尤其是六十四歲得子這件事，像是突然將他敲醒了。是呀，自己體魄並不十分健壯且公務繁忙，這份難得的福氣，不是靠的鴉片水泡出的人參，又靠什麽呢？想到這裏，張之洞對趙茂昌的怨惱減去八成。

『他應該告訴我纔是。』

環兒説：『他知道你恨死了鴉片，告訴你，你還會喫嗎？其實照我説呀，鴉片也不是那種壞透頂的東西，那麽多人喜歡它，總有一點道理。鄉下人説清水裏養不了魚，世上的事也不必太清清爽爽，睁隻眼閉隻眼，彼此都過得去就行了。』

張之洞睁大眼睛看着環兒，彷彿覺得她這番極簡單的話裏有着很多可咀嚼的内涵，初聽不大對味，細想又不乏道理。他猛然想起葆庚信上的『真學問』三字。『真學問』是不是環兒説的這番話呢？

『你説説，我是喫下去，還是不喫？』

環兒『撲哧』一聲笑了起來：『這還要問，當然繼續喫下去。我還向你建個議，應該在京中爲趙老爺謀個差事。這樣，他今後爲你製藥也方便。』

張之洞没有做聲，心裏已經認可了。

過兩天，他委派趙茂昌爲粵漢川漢鐵路辦事處幫辦。這個天下第一美差對趙茂昌來説，真是喜從天降。十多年不露聲色的獻媚功夫，終於獲得了巨大的成功。

喫了趙茂昌親手炮製的鴉片人參後，張之洞的精神很快有起色。就在這個時候，他時時擔心的變

第二十一章　感覺中甦

故終於在悄沒聲息中突然發生了！

三　瀛臺涵元殿，袁世凱在光緒遺體旁痛哭流涕

光緒三十四年十一月二十日，剛過寅初，張之洞就起床盥洗了，確切地説，他昨夜一夜未眠。正是仲冬季節，京師早已天寒地凍，這些日子更兼陰雲密佈，窗外是一片沈入深淵似的黑暗，既沒有半顆星光，也不見一盞燈火。屋内儘管燭光明亮，炭火熊熊，身着狐袍貂帽的張之洞仍有一種寒氣逼人的感覺。這不僅僅是氣候的冷，更是因爲他心中的神魂不寧。就在兩個多時辰之前，他經歷了一生中最爲驚悸的時刻。

昨夜，自鳴鐘剛敲過九下，按照素日的習慣，他在環兒的服侍下，脱衣摘帽正要上床歇息。突然，大門外響起了一陣敲門聲。這聲音急切而慌亂，在冷清寂静的冬夜，顯得格外的刺耳和恐怖。

張府上下的心都揪了起來，不知出了什麽事。大根打開門後纔知道，宫裏打發兩個太監來，請張大人立即進宫，老佛爺夤夜召見。

慈禧最善保養，絶少夜晚辦事。這種破例的冬日深夜召見，一定有大事。聯想到兩宫重病的背景，一個可怕的念頭湧上心頭：莫不是有非常之變？懷着驚疑不定之心，穿過後宫肅殺空曠的長街，張之洞來到燈光摇曳、寂静無聲的養心殿東暖閣，和醇王載灃、世續一道跪見慈禧。老太太愁容滿面，聲氣微弱，一副病入膏肓的模様。在令人陰冷窒息的氣氛裏，慈禧宣佈了一個驚人的消息：皇帝快不行了。

張之洞聽到這句話時，腦中『嗡』地響了一下，手脚立時便覺綿軟無力。耳畔又響起慈禧細弱的聲音：『我本想讓載灃來接替，但皇帝登基之日，我便已明告祖宗天下，以皇帝之子兼祧穆宗。不想皇帝無子，萬般無奈，衹得委屈載灃了，讓他的兒子溥儀來接替吧，日後溥儀不但要祧穆宗還要祧皇帝。你們看如何？』

這最後一句話純是套話，老佛爺欽定的如此大事，誰還能不同意？張之洞衹在腦子閃過一句『不料竟被猜中』後，便忙跟着載灃、世續一邊磕頭一邊説：『老佛爺聖明。』

歇了一會子，慈禧又有氣無力地説：『溥儀衹有三歲，不能理事，國事還得由載灃來處置。我想應該給他一個名稱，你們看，定個什麽名稱爲好？』

三十四年前光緒繼位時，慈禧未必想到要給老醇王奕譞一個特别的名稱。而今的這個想法，顯然源於自己已無力秉國了。這個一世好强的女人，不得不在上天的面前低下頭來！

東暖閣又陷入可怕的寂静。

載灃自然不便説話。世續本是個不學無術的人，他靠的家世和鑽營纔有今天的地位，若要問他個典章制度等學問方面的事，即便在平時，他都支支吾吾地説不明白，何況此時此刻，面對着如此重大的事！他的序列在張之洞之上，理應他先開口。他急了好一陣子，還是想不出，便求救似的望着張之洞説：『張中堂，你是飽學之士，你看用個什麽名稱爲好？』

張之洞已在心裏琢磨好了，便不再推讓：『啓奏老佛爺，醇王所處的位置，前明有監國之稱，國朝有攝政王之例在先，兩者都可。宜用何者，請老佛爺聖心裁定。』

慈禧説：『兩個稱號都好，我看就並用吧。張之洞，你擬旨吧！』

喘息一會，慈禧叙旨：『一、醇親王載灃之子溥儀著即刻抱進宫中教養。

第二十一章　臨賓中毒

二、醇親王載灃加授監國攝政王。』

張之洞擬好旨後，便離開養心殿。回到家時，已是子夜了。他在床上躺了個把時辰，根本無法入睡。自鳴鐘『咔嚓咔嚓』的響動聲，更給冬夜增添幾分冷寂。他終於忍受不了這種難耐的沈悶，吩咐點燈燒火，他要起床梳洗，静坐待旦。

凌晨的空氣冷冽而清新。張之洞手捧着一盃熱參湯慢慢喝着，心緒漸漸安寧下來後，昨夜的一個大疑慮又從腦海里浮了出來：太后召見時衹有三位，軍機處現有六位大臣。奕劻先一天去東陵爲太后查勘萬年吉地去了，鹿傳霖這些日子生病，這兩位不在可以理解。但還有袁世凱呀，爲什麽召見時没有他呢？想起鹿傳霖所説的滿洲親貴少壯派嫉恨袁的話，張之洞心裏一亮：難道説，袁將要被趕出軍機處？以袁的處境，一旦出軍機，他的仕途也就走到頭了。想到這一點，張之洞不免對袁世凱生出一絲惋惜之情來。他甚至想到，若遇上一個機會的話，應當在太后面前爲袁世凱説上兩句：用人如用器。袁雖有許多不足之處，但他畢竟是今日朝廷内外少有的能做事的人。

因爲年高德劭，張之洞享受平時可以不上朝的優待，昨夜太勞累了，他今天不打算上朝，但他還是穿戴得整整齊齊。他知道今天不定哪個時候，就會有人來報告出自宮中的那個特號消息。

但是，直到天黑，仍没有任何消息傳來。張之洞提心吊膽的一天，在京師官場文恬武嬉的平静中度過。第二天傍晚，張府正在開夜飯的時候，從宮中出來的兩盞白燈籠終於帶來了確鑿的消息：皇上已於酉初三刻崩於瀛臺涵元殿。

張之洞趕忙放下碗筷，乘轎急奔宮中。來到景運門時，恰好遇上鹿傳霖，兩人下轎，結伴進宮。原以爲此時宮中必定是一片哭泣，一片忙亂，誰知完全不是這樣。宮裏安安静静的，如同什麽事也没

第二十一章　翊贊中樞

有發生過一樣，與往日不同的，僅衹是軍機處的低矮屋檐下掛起兩隻白紙糊的燈籠而已。張之洞和鹿傳霖見此情景，心裏頗爲過意不去。走進軍機處，醇王、慶王、世續早已到了，正在聚首研討什麽，見張、鹿二人進來，三個滿洲權貴衹是淡淡地打了一聲招呼。

張之洞問身邊的一個章京：『大行皇帝現在哪裏？』

章京答：『仍在涵元殿，未移靈。』

張之洞悄悄對鹿傳霖説：『我們去看看吧！』

鹿傳霖點點頭。

張之洞問載灃：『王爺，你們去看過大行皇帝嗎？』

載灃面無表情地説：『還没有哩，大家正爲新皇帝繼位的事在忙着。你們二位也來一起商討吧！』

張之洞説：『我們先去看看大行皇帝吧！』

載灃猶豫了一下，説：『也好，快去快回，好多事情等着你們來辦。』

臨時叫來兩名太監導引，在一名軍機章京的陪同下，張之洞、鹿傳霖摸黑向南海子方向走去。

涵元殿是瀛臺上的一座主要建築。瀛臺則是南海的一個半島，它的東面、西面、南面三個方向都臨水，衹是北面與地面相連。明代起帝后們就常到瀛臺來遊玩，藉以觀賞民間的田園風光。清代，宮廷在此大興土木，把它當作海上的仙山來經營。修樓築亭，移花植木，讓人站在這裏便有來到傳説中的海上三山——蓬萊、方丈、瀛洲的幻化感覺。瀛臺上除涵元殿外還有香扆殿、補桐書屋等主要建築，清代的歷朝帝妃常在此地遊幸避暑，康熙、乾隆等帝還在此理朝聽政。自乾隆起，各朝皇帝都常在補桐書屋讀書。瀛臺，的確是一個美麗幽静的好地方。但是，自從戊戌年秋天，光緒被慈禧安排在

此養病讀書之後，這裏就成了一所皇宮中的高級囚牢，皇上成了這座囚牢的犯人。

與外界相連的涵元門被慈禧派的兵丁把守，除開幾個太監宮女可以出入外，外官一律不能進來。光緒本人非得到慈禧的同意，也不能外出。皇后和瑾妃一個月也難得來一兩次。可憐一個泱泱大國的皇帝，就這樣孤單、冷清、憂鬱、苦悶地在這裏度過生命中的最後十年。

張之洞、鹿傳霖踏上瀛臺時，迎面感受到的是來自南海子水面上的颼颼冷風，兩個衰翁不由得打起寒顫來。半島上的樓臺亭閣全都籠罩在夜色之中，花草早已凋零，古木愈顯蒼老，四處不見一個人走動。被人們視爲仙境的瀛臺，今夜，如同他的主人一樣，已經死去了！

光緒的遺體安置在涵元殿的正殿，圍繞着他的四周點起十餘支素色蠟燭，兩個平日服侍他的小太監見張、鹿走來，便跪下叩頭。張之洞走到光緒身邊，衹見他身上蓋了一件暗色的布衾，面孔灰白瘦削，兩眼緊閉，兩眉緊蹙。一看這副模樣，就知道他是帶着極大的痛苦離開人世的。想起大行皇帝懦弱悲慘的一生，張之洞、鹿傳霖禁不住老淚縱横。他們跪在光緒的靈床邊，恭恭敬敬地磕了三個頭，向大行皇帝作最後的訣別。

站起來的時候，張之洞發現，自他們進來直到現在，整個涵元殿僅僅衹有這兩個跪在一旁的小太監，既不見別的宮女太監，也没有一個料理後事的内務府官吏。尤其令他們難受的是，皇后、瑾妃以及他的親弟載洵、載濤等人竟然没有一人在身旁。這是怎樣的一代天子，他擁有三十四年的年號，卻没有留下一點骨肉，死後連一個親人也不來守靈，名爲皇帝，其實連一介草民都不如。

苦命的皇上啊，你真不該投胎帝王家！

張之洞正在心靈深處爲光緒嘆息的時候，突然，一聲悲號傳了進來：『皇上，臣看您來了！』

第二十一章 翊贊中樞

隨着哭聲，一個人跌跌撞撞地奔進來，朝着光緒的遺體趴下，大聲喊道：『皇上，您不應該走呀！您不能丟下大清國，丟下您的臣民不管呀！』

一邊喊，一邊使勁地在地磚上磕着頭。

張之洞和鹿傳霖走過去，一邊一個扶着那人的肩頭，説：『慰庭，起來吧，軍機處那邊還有許多事等着要辦哩！』

在光緒遺體旁痛哭流涕的正是袁世凱。都説當年就是袁世凱出賣了皇上，都説袁世凱巴不得皇上早死，都説袁世凱要擁戴慶王的兒子載振爲帝，但是今夜，他爲何要獨自一人來到無人憑弔的靈堂，向皇上作如此這般的訣別？

這一個絶大的疑問，謎一般地留在兩位老臣的腦子裏，衹是誰都没有發問。

第二天，三歲小皇帝溥儀詔告天下：繼承皇位，國事由監國攝政王載灃代爲處置，改明年爲宣統元年，尊慈禧爲太皇太后。

然而這位太皇太后擁有崇高徽號尚不到半天，便在當日未時崩於她的寢宫儀鸞殿。

兩宮一前一後接踵而去，時間相距不到一個對時，這不僅爲有清一代所没有，就在整個中國帝制時期裏也無先例。

如果説，光緒的死去無聲無息，就像後宮裏走了一個老太妃似的，那麼慈禧的突然晏駕，便真如天塌地裂、山崩海嘯，整個禁城立刻變成一個大靈堂，京師所有公務一律停辦。朝廷内的争權奪利，官場中的勾心鬥角，一時間也好像都已止息，上自王爺貝勒，下至胥吏走卒，全部投入到浩繁的兩宮喪事中去了。

直到半個月後，小皇帝坐在父親的懷裏，舉辦完中國歷史上最後一次登極大典，一切纔逐漸恢復正常。新皇帝剛登基，便下達一道封賞軍機處四個大臣的詔書：世續、張之洞、鹿傳霖、袁世凱一律賞加太子太保銜，袁世凱賞紫禁城騎馬。

當袁世凱接過那根玩具似的紫色馬鞭時，二十天來沈重的心緒驟然輕鬆了：看來那夜太后召見軍機大臣時，衹是因爲她病情嚴重心思恍惚而一時忘記了我？

袁世凱高興過早了。正是那個直到臨死時依然頭腦精明的老太太，在大行之前特別關照載灃要防備袁世凱。也正是在國喪期間，一批滿洲少壯親貴在日夜商議，如何對付袁世凱。他們公開勸説監國攝政王載灃殺掉袁世凱，爲滿洲剪除心腹大患。毫無當國經驗的二十五歲載灃在猶豫着：殺袁世凱，可以真正地收回北洋六鎮的兵權，長保皇室的安全，然則袁乃大臣，殺他師出何名？在朝野內外的影響又會怎樣？

就在這時，一封署名御史王景純的參劾袁世凱的摺子，由內奏事處呈遞到載灃的手裏。王景純的參摺指控袁世凱在山東巡撫和直隸總督任上目無朝廷，擅用職權，糜費錢財，挪用公款，結黨營私，勾結洋人的種種不法情事，以及投機鑽營，首鼠兩端，媚上欺下，陽奉陰違等惡劣的品性，請監國攝政王殺袁世凱以彰正義，以謝天下。

王景純的參摺爲載灃提供了一個可資利用的工具，他命令京報全文刊登出來，先造造輿論，再聽聽各方反應。參摺見報後，立即在京師及全國的官場士林中引起巨大反響，袁世凱本人看到這份參摺後更是驚恐不已。

他是一個極爲老練的政客。從保定調到京師，未被慈禧託孤，御史參劾，這三件事加在一起，無

疑構成了黑雲壓城的險惡局勢。他不能坐以待斃，他要死裏求生。

袁世凱的心腹參謀、助手兼私人代表，是他的三十三歲嫡長子袁克定。他的最可靠的朋友是患難之交、現任東三省總督的徐世昌。恰好這時徐世昌由東北回到北京參加弔喪活動。於是，在北洋公所袁府裏，袁氏父子和徐世昌日夜商討對策。

最後，他們商定動用文武兩支力量，來向載灃施加壓力。武的方面，由袁克定去找段祺瑞。段祺瑞是袁世凱在小站練兵時所提拔的統制。段感激袁的知遇之恩，鐵心投在袁的門下。光緒三十二年官制改革時，袁建議設置練兵處，負責領導全國的新軍訓練。袁作爲會辦大臣握有練兵處實權，練兵處的各級頭目均爲他的心腹將領。段祺瑞被任命爲軍令司正使，地位十分重要。在袁世凱的着意栽培下，段祺瑞成爲北洋新軍中僅次於袁的第二號人物。袁克定塞了一百五十萬兩銀票給段祺瑞，要他聯絡北洋新軍的弟兄們幫袁家渡過這一難關。段祺瑞爽快地答應了。

文的方面則由徐世昌去遊説張之洞，然後請張之洞出面説服載灃。恰好這時，載灃七弟載濤籌建御林軍，六弟載洵與妻兄長麟爲爭奪海軍大臣一職而鬧得不可開交。這是滿洲少壯派急於掌握朝廷各要害部門的信號，引起朝中文武尤其是稍具正直心的漢大員們普遍不滿。抓住這個機會，徐世昌走進了張府。

王景純的摺子，張之洞自然也看到了。一個剛加封爲太子太保的外務部尚書軍機大臣，一個曾做過多年直督、訓練過六鎮北洋的練兵處會辦大臣，御史王景純敢於這樣無情地揭露和斥罵，張之洞當然知道，這決不是王景純的大膽和無私，而是他有強大的靠山。這靠山顯然是鹿傳霖一年前就説過的滿洲少壯親貴派。過去太后尚在，載灃未當國，他們尚不敢太放肆，如今他們是毫無顧忌了。袁世凱

固然有不少可指責之處，但現在他們這樣做，却是醉翁之意不在酒，或者說是殺鷄給猴子看，藉袁來向包括鹿傳霖和他本人在內的漢元老大臣開刀。當年大清開國的時候，順治爺、康熙爺爲融合滿漢花費幾十年心血，纔有後來的五族携手共創大業的局面出現，以至於洪楊造反，公開打起恢復漢人江山的旗號都不能起作用。現在孫文等人在海外鼓吹驅逐韃虜，恢復中華，這是洪楊故伎重演。載灃等人不承襲先朝籠絡漢人的國策，反而針鋒相對來個驅逐漢人，漢人是滿人的多少倍？漢人蘊藏的力量有多大？他們怎麽不想一想，掂一掂。唉，這些愛新覺羅的子孫們，怎麽如此不賢不肖，如此懵懂愚昧？

正當張之洞爲載灃掌國的第一個舉措便失當而惋惜的時候，徐世昌啣命來訪。在仁權及近日任職學部的辜鴻銘、陳衍的陪同下，張之洞接待了這位有過十五年黑翰林經歷、最近這幾年却平步青雲的徐世昌。

徐世昌長得丰神偉儀，又善於說話，是一個受張之洞喜歡的客人。他將他所知道的滿洲少壯親貴們幕前幕後的情況，諸如載灃將出任陸海軍大元帥，其兩弟分任御林軍統領和海軍大臣，善耆等人再次提出撤銷軍機處，鐵良、良弼要將包括湖北新軍在內的全國新軍重新改編及擴大陸軍部軍權等等，一一向張之洞娓娓道來。爲了刺激張之洞，徐世昌又杜撰一則傳聞：漢陽槍砲廠近日已引起高層的關注，鐵良等人提出此廠不宜再由湖督掌管，應歸陸軍部控制。

徐世昌說了一兩個小時的話，却隻字不提王景純的摺子。張之洞知道徐世昌與袁世凱的關係，他當然也知道徐世昌登門造訪的目的，見徐不提參摺的事，他也不提。張之洞衹是靜靜地聽着，自己說得不多。連漢陽槍砲廠也不放過！徐世昌的這則杜撰果然引發了張之洞心中極大的不滿，他已經意識

第二十一章 翊贊中樞

到時局的嚴重性。這一群不諳世事却又有着極强權力慾望的少壯派，不是將已處風雨飄搖中的大清國引向避風港，而是將它拖到風口浪尖上。不僅僅是爲了袁世凱，也不僅僅是爲了自己，更主要的是爲了國家，爲了社稷，爲了曾經給張家世代尤其給了他本人大恩大德的朝廷，他要盡一個老相國的責任，保護袁世凱，刹住這股邪風！

當徐世昌告辭的時候，張之洞說：『託你轉告給袁慰庭一句話，宜處處留心，不可大意。老夫該做的事，老夫會竭力去做。』

張之洞的這句話令徐世昌極爲滿意。他急奔北洋公所，將此話告訴了老友。

探得了張之洞的態度後，袁世凱開始實施第二步計劃：請奕劻出面說動載灃諮詢張之洞。

在袁世凱數十萬兩銀票的引誘下，奕劻多年來已和袁世凱結成了聯盟。他不願意袁世凱垮臺，他甚至也不願意張之洞、鹿傳霖等人退出樞垣。因爲他知道，他雖然是滿洲親王，但在載灃兄弟眼中，他是屬於『老朽』者之列，也是少壯派們要排斥的對象，何况他一向名聲不佳。過去全仗着老佛爺這座靠山纔未倒下，現在靠山没有了，少壯派隨便找一個岔子就可以把他驅逐出去。出於自身利益的考慮，他此時是很願意與袁、張、鹿等人抱成一團的。他樂意接受袁府之託，親去醇王府，謙容卑辭地拜訪他的侄兒載灃，希望載灃在處理袁世凱這件事上聽聽張之洞的意見。

載灃公開王景純的奏摺，原本就是爲了聽聽各方反響。張之洞作爲受託孤之命的惟一漢大臣，德高望重的元老，他的意見自然更應重視。載灃放下監國之尊，親自來看望張之洞。

張之洞與載灃共事將近一年，深知載灃與他的父親醇賢親王、二哥光緒一個樣，平庸而懦弱，决不是一個能挽狂瀾於既倒的强者、一個能導國家於治平的明王，但命運和時勢既然把他推到了這樣的

位置，張之洞不得不在他的身上寄予重望。

老相國拖着衰弱的身體，以報答國恩的忠誠，與年輕的監國懇談了半天。他告訴載灃，不能據御史的一紙參摺來定大臣的罪，摺子上所講的那些事，都要通過查覈落實纔行。他向載灃指出，眼下正是歷史上常有的『主少國疑』的局面，這種政局需要當國者小心謹慎，多用籠絡，少用殺戮。何況海外的革命黨虎視眈眈，千萬不要給他們以可乘之機，安定、平穩纔是上上之選。

又說袁世凱曾經是六鎮北洋新軍的統帥，與北洋中上級軍官關係不淺，儻若因處置袁世凱而引起北洋軍的騷動，將對大局極爲不利。說到這裏的時候，張之洞想起徐世昌所說的關於漢陽槍砲廠的事，遂特別嚴肅地對載灃說：『這二十年來，奉朝廷之命，爲了徐圖自强大業，不少督撫在地方上辦起了洋務局廠。這些洋務局廠多半屬於軍事上的，個別幾個省還訓練了新軍，當然，地方上的局廠軍隊，都是大清國的財産，但畢竟大部分是該省自籌的。請攝政王繼承太后和大行皇帝的遺志，對這些忠貞爲國的督撫予以尊重，對他們的局廠軍隊要予以愛護，不要動不動就收歸朝廷，更不要隨便指摘他們動機不純。督撫安定，天下纔會安定。各省眼下都在關注着朝廷，關注着攝政王您，您的一舉一動都繫着天下安危。』

爲着讓年輕的監國增加治國閱歷，張之洞還給他說了咸豐帝慎辦左案的掌故。

當年樊燮狀告左宗棠的摺子到了咸豐帝手裏。咸豐帝看了十分驚駭，提起筆來，在官文奏摺上批了四個字：就地正法。寫完後，他想想有點不妥：左宗棠雖是個幕僚，却才幹超衆，不能聽信一面之辭，錯殺人才。於是再次提起筆來，寫道：飭湖南巡撫查覈，若果有其事，將左就地正法。

到了夜晚臨就寢時，咸豐帝又想起了這事：左既是巡撫的幕僚，讓巡撫來查覈，必不能服樊燮之心，應由朝廷出面來查爲好。於是重新擬一道旨，着都察院速派一名正派御史前往湖南調查此事。第二天一早醒來，咸豐帝想起正在帶兵打仗的曾國藩、胡林翼等人都是湖南人，必定對湖南情況熟悉，聽聽他們的意見很有必要。上朝後命内閣擬旨分寄曾、胡，徵求他們對左案的處理意見。正因爲咸豐帝再而三、三而四地慎之又慎，纔保住了左宗棠的性命，也爲大清國保住了一根柱石。

載灃說：『老相國說的這樁舊事對我很有啓發，對袁世凱的事，我會慎重辦理的。另外還有一件大事，我想聽聽您的意見。』

『何事？』張之洞將身子向着載灃傾斜過去。

『明年，我想給皇帝啓蒙，您看師傅選哪幾個人合適？』

張之洞說：『這的確是件大事，容老臣來慢慢尋找。』

剛說到這裏，他想起一個人來。此人便是當年京師有名的『四諫』之一、甲申年因爲與曾國荃不和而回籍，至今家居二十多年的陳寶琛。

那年陳寶琛從福建到江寧看望張佩綸，居然不進總督衙門，顯然是對張之洞冷淡友誼的不滿。爲了彌補過失，也爲了能在晚年與老友有個見面談話的機會，調陳寶琛來京做小皇上的師傅是一個最好的辦法了，寂寞二十多年的老清流也可在晚年風光風光。

『王爺，有一個人，當年老佛爺稱讚他品行端方，學問醇厚，我看此人可先調來上書房。過些日子，我再薦舉幾個。』

『您說的這人是誰？』

『陳寶琛。』

陳寶琛離開官場時，載灃纔剛出生，自然對這位當年名諫不太清楚。張之洞將陳寶琛的情況簡略地說了一下。

『好吧，就讓他進宮吧！』載灃做出一副賢王姿態，『將他委屈了二十多年，這是朝廷的疏忽。』

弢庵就要衣錦回京了！這是所謂『翊贊中樞』以來最令張之洞欣慰的一件事。

四 陳衍獻計：用海軍大臣作釣餌，誘出『保袁』的枕頭風

送走載灃後，陳衍、辜鴻銘、仁權都圍着張之洞，聽他説談話的情況。

仁權説：『依我看，父親的話，醇王不一定都聽到心裏去了。畢竟他的那些急於掌權的兄弟，對他的影響更大。』

辜鴻銘説：『我的直覺，袁世凱這個人是個大僞君子、大奸臣，實在該殺，不值得惋惜。』

張之洞説：『這不是袁世凱個人的事，這一股邪風，我身爲相國，不能坐視不理。』

陳衍坐在一旁不開口，張之洞問他：『石遺，依你看，袁世凱的八字怎麼樣？』

陳衍説：『我看他很險。大公子的話很有道理，在老相國與洵貝勒、濤貝勒之間，攝政王很有可能倒向自家兄弟那一邊。』

張之洞生氣地説：『攝政王若這樣做，朝政便不可收拾了，我不如回南皮養老去！』

陳衍説：『我倒有個主意，但手段並不是很光明正大的，所以我要先問問相國，袁世凱是不是一定要救，若可救可不救，我也就不説了。』

辜鴻銘天生沈不住氣，急道：『陳石遺，你有什麼好主意就明説，還要問相國什麼。相國當然是

願救袁世凱，不然也不會和攝政王磨半天嘴皮子了。』

張之洞也笑道：『石遺大概用的是陰謀詭計，不然何須吞吞吐吐的。你説吧，再怎麼不光明，在這裏説也不要緊。』

陳衍説：『大公子的話給我以啓發。攝政王怕他的兩個弟弟，若兩個弟弟不知天高地厚，堅持要殺袁世凱的話，攝政王便有可能顧不得老相國了。但我也聽説，攝政王懼內，他的福晉是個有名的河東吼。儻若他的福晉也説出老相國這番話來，他就很有可能聽進去了。我是怕老相國聽了生氣，纔不敢説。無奈大清國祇有這樣一個不中用的攝政王，我纔出此下策。』

張之洞笑道：『這也不是什麼太不光明磊落的主意。女人愛吹枕頭風，男人易聽枕邊話，自古皆然。』

仁權説：『既如此，陳先生你就説下去。這條計策的關鍵，是要攝政王的福晉願意那樣説。』

『是的。大公子説得對，這事的關鍵在如何使福晉願意替袁世凱説話。我的思考綫索是這樣的。』陳衍摸着下巴上的短鬚，不緊不慢地説，『攝政王的福晉瓜爾佳氏是榮禄的女兒，瓜爾佳氏有很強的干政慾望，也想學老佛爺樣當大清的家，對娘家勢力很重視。她的哥哥長麟想當海軍大臣，洵貝勒也想當，二人之間發生了衝突。瓜爾佳氏站在娘家一邊。這是大家都知道的事。現在讓人去見長麟，説大家都支持他做海軍大臣，條件是不殺袁世凱。讓長麟去跟瓜爾佳氏説，再由瓜爾佳氏爲着哥哥的海軍大臣，在載灃面前説好話。如此，事情就成了。』

辜鴻銘説：『你這裏又有一個難題，誰去見長麟呢？據説此人極不好打交道。他做了個水師翼長，架子就大得不得了，現在又升爲國舅，更不可一世了。』

陳衍笑着說：『當然不是一般的人可以去見他，這個人我也想好了，他就是鹿中堂！』

『鹿中堂！』辜鴻銘、仁權差不多同時一驚。

『爲什麽鹿中堂最合適，你們聽我說。』陳衍慢悠悠地說，『當年，鹿中堂做陝西巡撫的時候，榮祿正做西安將軍，一文一武，兩人是同住一城的最高官員。兩家相處得很好，時常走動。那時瓜爾佳氏還在娘家做女兒，長麟、長麓兄弟也還住在家裏，遵父命常去鹿府，向鹿中堂請教詩文。長麟對鹿中堂甚是敬重。假若鹿中堂肯出面到長麟家裏去一次，並答應他願與老相國一道保舉他做海軍大臣，長麟一定會跟瓜爾佳氏去說的。何况，作爲榮祿的長子，他一向與袁世凱也多有聯繫。一箭雙鵰，他會樂意的。』

辜鴻銘說：『長麟也不是海軍大臣的人選，中國真正够資格做海軍大臣的，衹有我們福建人薩鎮冰。』

陳衍點點頭說：『薩鎮冰當然是很好的海軍大臣，但他没有後臺，不敢爭這個位置。長麟長期供職水師，又在英國海軍大學留過學，與載洵比起來，他就合適多了。所以，鹿中堂和老相國支持他出任，也不能算無知人之明。』

仁權說：『我姑爹體氣衰弱，他願意去低他一輩的長麟家嗎？』

『這倒也是。』陳衍搔了搔頭。『鹿中堂又不是爲自己辦事，要他拖着這身病體去長麟家，是有點說不過去。』

張之洞一直没做聲，這時插了一句：『石遺，你不可以調換一下，讓長麟去看鹿中堂嗎？』

『哎，這是好辦法！』陳衍拿手指頭點擊太陽穴。『不過，叫長麟去鹿府也不是一件容易事。』

『拿海軍大臣做釣餌！』辜鴻銘爽快地說。

『也還得去個人聯絡纔是。』陳衍若有所思地說。

『仁權，你去一趟長麟家吧！』張之洞望瞭望兒子。

『我？』張仁權望着父親，爲難地說，『我與長麟聯繫很少，貿然去訪，有點突兀吧！』

張之洞想了想說：『我給你一個藉口。嚴復有個摺子，提出每年派十名左右優秀子弟去英國格林威治海軍大學讀書，請朝廷批准。你說奉我的命問他這個曾留學英國的前水師翼長，一個人在英國讀海軍每年得花多少銀子。談話之間，把話題引到正題上來。待得長麟願去鹿府後，你再去姑爹家，就說我請他一起幫幫袁世凱。』

仁權說：『這可是個難題，不知道做得好不？』

張之洞說：『這也是個歷練。你若做不好，乾脆這個刑部郎中也不要做了，跟我一道回南皮去算了。』

大家都笑起來，陳衍打氣道：『大公子，你不要爲難，一定做得好的。到時候，長麟和袁世凱都感謝你，你就等着升官吧！』

張仁權今年四十八歲，在父親外放督撫的二十七八年裏，他一直在北京住着。三十三歲那年他中的進士，分發刑部，三十六歲那年，鹿傳霖做江蘇巡撫，他借江蘇省籍的一個名額，自費留學日本一年，學習日本的律法，這一年對他的長進起了很大作用。回國後不久即被擢升爲員外部，過兩年又升郎中。仁權爲人實在勤勉，今天的刑部中級官員這個地位，是他以年資和政績換來的，父親的高位對他所起的作用並不大。

他所起的作用並不大。

[illegible]一個名人實在難免。[illegible]

[illegible]學習日本的[illegible]，這一年[illegible]同國後不久[illegible]

[illegible]

大家[illegible]來，[illegible]

「一」

[illegible]

第二十一章 回[illegible]中國

[illegible]

[illegible]也不能[illegible]

[illegible]

[illegible]說：「[illegible]中國[illegible]

合[illegible]的。」

[illegible]

仁權是個本分人，張之洞關於京師的聯絡，並不主要依靠這個兒子。戊戌年之前他主要依靠楊銳，戊戌年之後，則主要依靠湖廣會館。

湖廣會館在騾馬市大街東口南側，是京師衆多會館中最有名氣的一個，不僅建築規模宏大，而且有一個可容納千人的劇場和一口著名的子午井。據說這口井的水在子、午兩個時辰是甜的，其它時辰則與一般井水無異。因爲此，湖廣會館不僅成爲兩湖旅京人士的駐會之地，也是京師人愛去的熱鬧場所。張之洞在此設立一個兩湖駐京辦事處，辦理他所交辦的各項事務。

與袁世凱對兒子的期待不同，張之洞不希望兒子卷入是非之中。他對兒子本分爲人、守職做官的處世態度頗爲滿意。他從不安排兒子爲他辦事，這次算是第一遭。

張仁權也知道這事的重要性，他要竭盡全力來辦好。

與多年前頗爲出名的户部侍郎長麟同名的榮禄長子，住在父親留下的舊宅中。榮府坐落在交道口菊兒衚衕，占地很大，整個一條菊兒衚衕，榮府占了一半。讀過《紅樓夢》的人，都將它視爲該書中的榮國府。

榮府分爲三部分：西邊爲洋樓房，中間爲花園，東邊爲住宅。住宅分爲五進院落，除長麟外，他的老母親和弟弟長麓也住在這裏。自從溥儀登基後，此處成爲真正的國務府。一天到晚，車水馬龍，達官貴人絡繹不絶，西邊四座西式洋樓便成了榮府接待各方來客的場所。長麟爲人高傲，好擺架子，等閒客人都打發弟弟長麓或管家去接見。仁權官位雖不高，但他是張之洞的大公子，長麟自然不好怠慢，便親去接待。

在一個充滿着英倫三島風味的客廳裏，身著西式便服的前格林威治海軍大學留學生，與現任刑部郎中對坐在大牛皮沙發上，他的面前擺着一盃黑褐色濃咖啡，客人的面前放一碗清綠的龍井茶。

寒暄之後，張仁權說：『學部翻譯館總纂嚴復通過學部大臣張百熙上了一道摺子，請朝廷每年派遣十名優秀子弟到英國格林威治海軍大學學習，每批讀書五年畢業，連續派十年，共培養一百多名中國海軍高級人才。他造了一個計劃，每年五萬兩銀子，十年共五十萬兩銀子。家父讚賞這個計劃，但對所需經費事宜，心中無數。鹿中堂說國舅爺曾留學格林威治海軍大學，情況清楚，於是家父打發我來請教國舅爺。』

長麟想了想說：『嚴復這個建議是好的。朝廷籌議海軍部，議來議去，最大的困難，還不是銀錢缺乏，而是人才缺乏。先前沈葆楨在福建辦馬尾水師學堂，李鴻章在天津辦北洋水師學堂，每年都從畢業生中選拔優秀者，送到英國去留學，嚴復、薩鎮冰等人都是這樣去的英國。甲午年北洋水師全軍覆没，不久海軍衙門也撤了，水師畢業生去國外留學一事也便隨之停止。現在籌辦海軍部，老的一批死的死、改行的改行，新的没跟上，竟到了青黃不接的地步，人才極缺。嚴復看到這一點，這是他的目光過人之處。』

仁權插話：『嚴復這些年來翻譯《天演論》等洋人著作，又在報紙上發表不少議論時政的文章，成爲留英生中最有名氣的人了。』

長麟淡淡笑道：『我剛纔說有人改行，嚴復就是其中一個。他在辦北洋水師學堂時没有大名氣，翻譯寫文章倒讓他出了大名。當年培養他的中國教習和洋人老師大概都没想到。不過，話說回來，真正籌辦海軍部，嚴復並不是好的官員人選，他没有水師的實際經歷。』

聽得出來，長麟並不太賞識嚴復，話外之音，是突出自己在水師裏做過管帶、翼長的實際經歷。

仁權是衝着長麟來的，嚴復不過是一塊引玉之磚罷了，於是忙附和：『嚴復名氣雖大，但畢竟做的祇是書生事業，要辦海軍部，還得要既有海軍學歷，又有統帶水師資歷的人纔行。』

這話說到長麟的心坎上了。他笑着說：『張郎中不愧相國大公子，見事就比別人明白些。』

『哪裏，哪裏！』見談話融洽，張仁權高興。

『還是說正題吧！』長麟喝了一口咖啡，接着說，『當年曾國藩第一次提出派遣幼童出國留學，給朝廷造了一個計劃，每年派三十人，學習十五年左右，一共派四批，首尾近二十年，共一百二十人，造的開支是每年六萬兩銀子，共一百二十萬兩。若按人頭算下去，一個幼童一年在西洋的費用大約二千兩，這是四十年前的物價。幼童讀書的費用與成人又不同，還有，學的專業也不同，學海軍的費用就比學機械的要高得多。我是光緒十八年去的英國，在格林威治海軍大學讀了六年，共用三萬五千兩銀子，每年花費近六千兩。當然，我的開銷是大了點。』

張仁權在日本做過一年多留學生，深知留學生之間的差別。有自費的清寒家庭出身的，除省喫儉用外，還得幫人做事賺取學費。有公費的達官貴人家子弟，住別墅，僱僕人，還要包女人，逛窰子。這兩者的開銷何異霄壤！

『手脚小一點，有四千兩也足够了。』長麟繼續說，『現在又過去十多年了，英國物價漲得快。嚴復給每人造五千兩一年的計劃，雖略顯寬裕，但不離譜。』

張仁權說：『國舅爺這一細說，經費事宜就很清楚了。另外，一年派十人，人數上是不是合適，家父也讓我請教國舅爺。』

長麟笑着說：『若從海軍的發展來說，一年十個人當然遠不够。依我看，每年至少派三十至四十

人，每隻軍艦三副以上的軍官都要有留洋的學歷纔行。我想嚴復祇提十人，不是他不懂中國海軍，而是他怕口張大了，朝廷不批。另外，現在的海軍部也没建立，今後還不知如何來籌建海軍。他也怕花費許多錢，培養的人回國以後没事做。嚴復是個精細人，這些他都會料到的。』

『國舅爺見事、知人這兩方面，都有遠過常人之明呀！眼下朝廷中的大員，像您這樣的人才，百裏也挑不出一個。』張仁權不失時機將話題引到他的軌道上來。『怪不得鹿中堂力主國舅爺您出任海軍大臣哩！』

最近一個月來，『海軍大臣』已成了長麟的一個心結。早在留學英國的時候，作爲滿洲親貴子弟，長麟就萌生了日後要主宰大清國海軍大權的雄心，隨着父親的地位日趨顯赫，長麟在水師中的官位也逐漸遞升，其掌海軍大權之心也日漸膨脹。但天不遂人願，甲午一戰，北洋水師全軍覆没，海軍從天之驕子一夜之間跌到恥辱的深淵，海軍衙門悄然摘牌，關門大吉。接着李鴻章去世，中國熱心辦海軍事業的最大人物走了，中國海軍的復興失去了最後一個指望。

再過兩年榮祿去世，長麟本人的靠山也没有了，他的主宰海軍的雄心徹底破滅，遂把日子打發在聲色犬馬之中。正所謂天無絶人之路，妹子突然做了醇王妃，榮府又開始有了亮色。妹子真爭氣，一年後給醇王府添了個長公子，也就是說，没有兒子的皇上有了血緣最親的侄子。按照常理，這個侄子十之八九會是日後皇位的繼承人。

榮府上下想到這一點，一個個莫不心跳血湧：天命所歸，莫非榮府就是下一代皇帝的外家？眼看方家園的顯赫和威儀，哪一家皇親國戚不垂涎三尺！榮府若能盼到那一天，昔日的輝煌不但可以恢復，還有可能超過。果然，溥儀如願登基，榮府的姑娘成了皇上的生母，菊兒衚衕成了今日的方家

園。榮府上下，人人臉上頓添十分光彩。籌辦海軍部，出任海軍大臣都是時候了，環顧宇內，海軍大臣舍我其誰？長麟抱着十足的把握跟妹子提起這事，要妹子去跟載灃説。長麟的妹子瓜爾佳氏是個强悍的滿洲女性，丈夫的家一向由她當着。現在丈夫監國了，她理所當然地認爲國也得由她來監。慈禧是她的榜樣，娘家的勢力是她的後盾，一定要讓兩個哥哥掌握着要害部門，長麟提出做海軍大臣正與她的心思相合。不料，載灃的六弟載洵也盯上了這個肥缺，已正式提出這個要求了，瓜爾佳氏大爲惱火。論學歷論資歷，小叔子哪一點能與哥哥相比？瓜爾佳氏跟丈夫吵了起來。一邊是親弟，有老母作後臺；一邊是內兄，有福晉作後臺。論血緣，載洵親，論條件，長麟强，海軍大臣到底給誰呢？懦弱的載灃失去了主意。他衹得暫時擱下來，兩邊都不得罪，但也弄得兩邊都磨刀霍霍地，要一爭高下。

張仁權的這句話猛地使長麟心扉一亮：若鹿傳霖出面説話，再加上軍機處幾位大臣都附和，如此，籌碼不就要加重了許多？

『鹿中堂最近身體如何？』

『他就是身體不好，説了兩次要來看看國舅爺，向您道喜，都因爲行動不便來不成。』

『我去看看他。』

第二天，長麟帶着兩株峨眉靈芝，去鹿府看望他二十年前的老師。

已得知內情的鹿傳霖，十分喜悦地在客廳接待這位身份貴重的世兄。

『得知老中堂身體不適，特來看望看望。』長麟雙手將靈芝遞過去説，『那年先父病重時，四川總督命人特爲在峨眉山採集了兩株百年靈芝，待送到京師時，先父已不能開口，故留了下來。都説峨眉靈芝在益氣養神上有特殊功效，老中堂不妨試一試。』

榮禄去世前紅極一時，權傾朝野，哪個官員不巴結他？這四川總督送的百年靈芝自然是真貨，不是一般人能得到的東西。鹿傳霖體氣衰弱，極需這種大補之藥，他高興地收下，笑着説：『你如今是國舅爺了，送這貴重的禮品，叫我老頭子如何承受得起。』

長麟謙恭地説：『做了國舅爺也是您的學生，尊師重道可不能忘呀！』

『言重了，言重了！』鹿傳霖不耐久坐，他也不多説閒話，直衝着主題來，『海軍部籌建一事進展如何，攝政王的主意打定了嗎？』

『還没有哩！』長麟做出一副並不熱心的姿態來。『洵貝勒對這事盯得緊，他是皇叔，海軍在他的手裏，攝政王或許更放心些。』

『不能這樣説。』鹿傳霖以國之重臣的口氣説，『要説放心，你是國舅，一樣的放心。衹是依老臣愚見，古人的內舉不避親，外舉不避仇，是有個基礎的。這基礎便是賢能二字，或賢或能方可不避親仇。你和洵貝勒，賢字先不去講，若論能字，我可以當着洵貝勒的面講，他不如你遠了。』

長麟略帶酸意地説：『但人家有老娘作後臺，咱哪比得上！』

鹿傳霖説：『軍機處幾位大臣可作國舅爺你的後臺。』

原來鹿傳霖不僅自己出面，還準備聯絡軍機處一道來爲自己講話，若軍機處全班人馬出來保薦，其分量顯然要超過載灃老娘的面子。長麟感激地説：『老中堂能説動其他幾位軍機大臣一起保薦，這份情義，學生當終生銘記。』

鹿傳霖説：『我和令尊是多年的好友，不必言謝。衹是有一個人，他雖是令尊的下屬，却也和令尊深相契合，最先説過海軍大臣你最合適這話的就是他，可惜他現在處境困難。』

第二十一章　臨賞中富貴

長麟明白過來：『您莫不是說的袁慰庭？』

『是的，正是他。』鹿傳霖說，『袁世凱這人的確有很多缺陷，但他有許多大臣所没有的長處。他勇於任事，善於用人。現在有人企圖置他於死地，其實是別有所圖的。他多次說過，應當恢復海軍衙門，出掌海軍的最佳人選就是國舅爺你，其次爲薩鎮冰。我和張中堂都贊成他這個說法，他因此也便得罪了一些人。現在他處境不好，我和張中堂都在力謀保他，但力量有限。國舅爺是最有條件保他的人。儻若讓他渡過這一關，他定然知恩圖報。我們三人再加上世中堂，四人聯名保舉你，那海軍大臣就非國舅爺你莫屬了。』

長麟問：『我如何保他？』

鹿傳霖笑着說：『你去跟皇上的額娘說說，由她出面跟攝政王說，皇上新登基便殺大臣，於國不利，且要防備北洋新軍的不滿。』

長麟點點頭，他終於明白了這中間的關係：袁世凱被人彈劾，漢軍機大臣鹿、張有兔死狐悲之感，要藉他這個國舅爺的關係，通過他的妹子去吹枕頭風保袁，其實最終目的是保自己。但他們開出了一個交換價碼：海軍大臣。這正是自己眼下所汲汲以求的。長麟尋思着：自己要想得到海軍大臣，衹有求得軍機處的支持纔有可能去跟載洵爭，舍此再無更好的辦法。想到這裏，長麟道：『我去試試看！』

見鹿傳霖精神不好，長麟也不多說閒話，起身告辭。

當天下午，長麟就到了醇王府。見到妹子後，把事情的原委詳細地說了一遍。瓜爾佳氏願意在關鍵的時候，助娘家哥哥一把。晚上，便勸說丈夫不要殺袁世凱。載灃暗思：福晉的話怎麽與張之洞說的如出一轍？他在心中已接受了這個勸諫。過兩天，北洋六鎮的統制們相繼致電軍機處，一致表示：若聽信御史之言殺袁世凱，北洋官兵一旦嘩變，他們將不能彈壓，故請先革了他們的職後再殺袁宮保。

載灃接到這樣的電報，又恨又怕，心裏狠狠地罵道：袁世凱拿朝廷的銀子練他自家的軍隊，反過來又拿這支軍隊威脅朝廷，世上還有比這更可惡的事嗎？心中雖恨，但到底不敢激起兵變，思考再三，最後以『足疾』爲由，將袁世凱削職爲民。袁世凱留下的軍機大臣之缺，由滿洲大學士那桐補上。

諭旨頒發的那一天，張之洞突然間腦子開了竅：爲何來京師後表面上入閣拜相，風光無限，其實無事可幹，形同虛設，原來，朝廷壓根兒就並不是要他宰輔天下，調變陰陽，不過是藉他製造一個假象而已：滿洲少壯派要除掉袁世凱，將袁從直隸調進京，爲怕袁和北洋軍系生疑心，便把他也從武昌調進京師，同入軍機。去掉袁，不補漢人而補滿人，明白無誤地表示朝廷排斥漢人的心態。看來，自己和鹿傳霖被驅逐出軍機處的日子已爲期不遠了。張之洞想到這裏，心緒更爲悲涼起來。

袁世凱以保全首領爲萬幸，接旨之後，立即出京回河南，在彰德府的洹上村隱居下來。他心裏藏下對張之洞、鹿傳霖救命之恩的謝忱，思量着若有機會東山再起，一定要重重報償。但是，當兩年後時局陡變，袁世凱真的復出、一手握大清命脈的時候，張之洞、鹿傳霖已是墓有宿草了。

張之洞的一病不起，幾乎發生在袁世凱匆匆離京的同時。病因起於一封信函。

五　桑治平道出四十八年前的秘密

這封信函其實乃一份請願書，是由湖廣會館呈遞上來的。開頭第一句話說：爲陳衍殘害鄂民事告

太子太保大學士、軍機大臣張書。

張之洞剛看了這一句，便大爲喫驚：陳衍乃一身無寸權、手無寸鐵的文士幕僚，何得殘害鄂民！

他懷着莫名的驚奇讀下去。

原來下面的文字乃狀告陳衍，在光緒二十八年湖北設立銅元局時，提出當十當二十銅錢的餿主意，爲湖廣總督衙門聚斂銀元一千四百萬兩，而這些錢財被糜費在鐵廠和槍砲廠等洋務局廠上，洋務無尺寸效益，湖北百姓却爲此付出了慘重代價。從那以後，湖北物價年年上漲，至今百姓生計必需品已上漲十倍之多。陳衍以鄂民之血汗換取某大員的個人虛名，實乃奸佞小人，禍鄂災星。請張之洞殺陳衍，懸陳衍之頭於黃鶴樓上，以謝二千萬鄂民，以平荆楚大地之公憤。下面是密密麻麻的幾十個簽名，打頭的一個，簽的是『蘄水湯化龍』。

張之洞耐着性子看完後，勃然大怒。他没有想到湯化龍這個年輕後生，居然會帶頭上一份這樣的請願書。五年前，湯化龍中進士不做官而自願去日本學法政，這件事得到張之洞的讚許。他在督署接見湯化龍，以後在多次集會場合鼓勵湖北年輕人向湯化龍學習，像湯化龍那樣志存高遠，中西會通。想不到這小子狂妄自大，以怨報德，竟做出這種事來。這哪裏是在罵陳衍！不錯，當十、當二十的建議是陳衍提出的，但付之於實行還得湖廣總督的同意纔行，責任當然衹能由總督來承擔。照湯化龍之流看來，設銅元局是殘害鄂民，那殘害鄂民的罪魁禍首不是陳衍，而是我張之洞。説什麼懸陳衍之頭以謝鄂民，不如直截了當地講，懸張之洞之頭以謝鄂民！

想起自己在湖廣任上十九年，爲湖北的洋務事業慘淡經營，嘔心瀝血，爲支付洋務的龐大開支不得不設立銅元局，所獲之利自己分文未取，全部用之於國計民生。不料，到頭來不僅不被理解，反被控之爲禍國之災、殘民之賊，要説冤屈，天底下還有這樣大的冤屈嗎？

一口痰衝到喉嚨，氣接不上來，張之洞猛地暈倒下去。

家人慌忙把他扶到床上，仁權看到飄在地上的請願書，明白了父親陡然起病的原因。

晚上，陳衍、辜鴻銘等人也都聞訊趕到張府。隨後趕到張府的，還有一位人物，他就是新任外務部尚書的梁敦彥。梁敦彥這些年來可謂吉星高照，飛黃騰達。

前年，梁敦彥隨張之洞進京入外務部。袁世凱賞識他，將他安置在外務部做郎中。梁的一口流利英語，很快在外務部派上大用場，三個月後便升爲右丞。接受八年美國教育的梁敦彥，敬業務實，在那些衹會做官場功夫的庸俗官吏中顯得格外出類拔萃，一年後便升爲侍郎。待到袁世凱削職回籍，梁便取代袁做了尚書。梁敦彥對張之洞有很深的知遇之感，常來張府看望老上司。

看了請願書後，陳衍心緒沉重，他對卧在病榻上的張之洞説：『老相國不必爲此而憂鬱，此事我是始作俑者。湖北士紳既然要我的頭，我就回武昌去，讓他們把我的頭取下吧！』

張之洞的嘴角邊流露出一絲凄笑：『陳衍二字是張之洞的代號，你這還看不出！』

辜鴻銘説：『老相國，我們回武昌去吧，您可以把湯化龍叫來當面辯一辯。京師這地方我已不想住了，除開拉嫖客的妓女和鑽門子的政客，再没有幾個幹正事的人。』

辜鴻銘這幾句話，弄得大家想笑又笑不出聲來。

梁敦彥對國内外政治局勢較爲清楚，他比別人看得透一點：『據説湖北馬上要成立諮議局，湯化龍新從日本回國，已被看好爲諮議局局長。他這樣做，一是迎合百姓對物價的不滿，爲自己贏得體恤民情的好名聲，以便順利當選；二是現在各省士紳都主張立憲，對朝廷遲遲不行立憲不滿，因此他們

對朝廷一切都否定，藉此煽動人心，討好百姓，以擁護他們上臺。湖北士紳要否定朝廷，就得要否定老相國在湖北所辦的一切。依我看，陳石遺固然是一個代號，銅元局一事也很可能是一個開端，今後還要拿鐵廠、槍砲廠、火藥局、織布局等一個個地開刀。』

張之洞聲息微弱地插話：『崧生説的有道理。戲臺衹有一個，他們要上臺，你就得下臺。有錯是錯，没有錯也是錯。湖北的戲，可能還正在敲開場鑼哩！』

説罷，閉住雙眼，一臉的枯槁陰黑。

『戲臺』，辜鴻銘心裏一驚，聯想到上次説的道具，看來入京後的老相國與兩廣兩湖時的香帥，的確是大不相同了。

張仁權看到父親這副模樣，心裏湧出一絲恐懼來。他强打精神安慰：『爹，現在各省都有一批這樣的立憲黨人在活躍着。他們看似跟革命黨不同，其實也是與朝廷離心離德的。湖北的立憲黨否定您在湖北的洋務業績，完全出自於他們的私心。是非自有定論，公道自在人心，湯化龍這幾個人就能代表二千萬鄂民嗎？爹，您犯不着與他們計較。』

兒子的話也很有道理。張之洞的心安定了片刻，他睜開眼睛來對兒子説：『我多年來不知市面上的物價，爲一方總督而不知百姓日常生活，不管怎樣，這是失職。你寫封信給念礽，叫他細細調查一下，這些年來物價的情況，尤其是米、鹽、油、菜、肉這些東西的價格。』

『好，我這就寫。』仁權答道。

張之洞似乎已意識到自己病情的嚴重，停了一會，他又吩咐：『桑先生與我分別已經十多年了，戊戌年匆匆一見，距今又整整十一年了。我時常想起他，有許多話要跟他説。你要念礽想辦法儘早與他的母親聯絡上，請桑先生夫婦到京師來住一住，再不來，今生今世怕不能見面了。』

『爹，別胡思亂想了，您的病很快就會好起來的。好好保養身體，老朋友見面時，纔有精力説話哩！』

仁權雖如此勸慰着，但心裏對老父此番的病况着實擔憂。他在信中叫弟妹們隨時準備進京，並設法通知桑先生，無論如何要儘快來京與父親見面。

陳念礽接到内兄的信後，帶着鐵政局的兩個工役，實地在武漢三鎮做了三天的調查。這一查，令一向對中國洋務抱着樂觀態度的陳念礽大喫一驚，不僅證實了請願書上所説的物價漲十倍，而且幾乎所有被調查的人都不承認武漢的洋務局廠給他們的生活帶來實惠，槍砲、鋼鐵，他們固然不需要，鐵路、水電的好處，他們因爲無錢，一點都不能享受。即便像布匹這種與他們密切相關的日用品，他們也很少購買。因爲生産成本高，售價並不比洋貨便宜，老百姓要麼買洋布，要麼買來自鄉村的更便宜的家織布。

陳念礽面對着這些調查上來的實情，不知如何稟告岳父。説實話，怕他生氣，病情加重；説假話，虚誇政績，又對不住良知。

他把這些情況如實寫在信裏，告訴他的繼父桑治平。

這些年來，桑治平和秋菱一直住在香山縣城。選擇此地度晚年，最主要的原因是因爲秋菱的次子耀韓一家在這裏。再則，這裏一年四季天氣和暖，青草長緑，鮮花長開，令桑治平歡喜不已。

他朝朝暮暮與南海爲伴。滔滔海浪，洗刷他心中的塵垢；無限海域，拓寬他的視野胸襟。旭日東升、星月摇晃的壯闊海景，更鼓蕩起他胸臆間消失已久的藝術情愫，他重新拿起了畫筆。在最能感受

第二十一章　擁護中國

宇宙浩瀚的大海邊，他的智慧和靈氣得到升華，一幅幅湧動生命精神的畫從手中誕生，他和秋菱也從這些畫中重獲青春。真正是『丹青不知老將至，富貴於我如浮雲』。

年過古稀的桑治平常常會回憶往事，會回過頭看一看過去的足跡。但此時他的心緒，跟眼前陽光照撫下的南海一樣，平靜而空闊。當年是那麽地霹靂驚爆、動人心魄，而今都似乎已被歲月長河洗滌得澹泊平和，被無限時空消解於悄没聲息之中。他有時會從心裏發出訕笑：當年給肅順做謀士，弄得偷鷄不著蝕把米，害得自己從此改名换姓；儻若肅順成功了，又怎麽樣呢？也不過是肅順或是皇上手裏的一個工具而已。後來，給張之洞做幕僚，奔忙了十多年，說到頭，還是爲他人作嫁衣裳。進一步說，不給張之洞做幕僚，自己做一方督撫呢？湖北洋務的困境和革命黨欲推翻朝廷的現實，讓桑治平的頭腦日漸清醒過來，即便做一方督撫也將會一事無成！在與秋菱相處、與畫筆爲伴的日子裏，桑治平終於領悟到，祇有愛情和藝術纔是真正屬於自己的永恒！功名也罷，地位也罷，其實都是以出售自身爲代價。它祇是一種交換，猶如農夫以穀换布、商人以貨易銀一樣。

淡漠了功名和地位，並不意味着淡漠情感和友誼。在過去的生命歷程中，那些以情誼留在桑治平腦中的人，在天風海雨衝刷下，塵埃去掉後他們的形象反而更加清晰了。排在第一的自然就是張之洞。那年身肩晉撫之命的張之洞驅車古北口，禮聘他出山。古北口月夜，兩人約法三章的情景依然歷歷在目。這份别於世俗的道義相交，令他永生不能忘懷。

他也很想見見張之洞，向他談談别後十餘年間他的這些新的人生體會。現在張之洞已奉召進京，他定居在香山城，一南一北，相隔四五千里之遥，要見一面也真難啊！

這一天，他接到了念礽從武昌發來的急信，方知張之洞已病得不輕，渴望在有生之年再見見面。

桑治平意識到，這很可能就是最後一次相聚了，再遠再難也得去。秋菱自從離開京師，便再也没有回去過。四十多年了，大内都换了三四位皇上。京師是啥樣子了，秋菱多想舊地重遊啊！老夫妻決定携手北上。好在海路早已開通，兩人身體都還硬朗，一路坐船去京師不成問題。於是，他們從香山坐船到香港，再從香港换上英國的海輪沿海岸北上，直抵天津，再由天津轉火車。沿途花去了整整一個月的時間，待到一脚踏上前門月臺時，京師早已是和風拂面的初夏了。

經過治療調理後，張之洞的病情有所好轉，已經銷假理事了。這次見到分别十餘年的老朋友，他更是心情興奮，病又好了幾分。陳衍見到桑治平後更是倍加歡喜，祇是談起鑄錢而招致湖北物價猛漲時，頗爲内疚。桑治平安慰道：『物價上漲，這是社會發展的必然趨勢。據香山一帶的老華僑說，西洋各國物價上漲是普遍規律，故西洋人不存錢，有一個花一個。再說，這當十當二十的鑄錢法，湖北不做，别的省也會做的。』

陳衍苦笑道：『若不行當十當二十的辦法，湖北的物價或許不會漲得這樣快。不是跟着相國到了北京，我這顆頭怕早已被鄂民割下了。』

桑治平哈哈笑道：『你的頭不還是好好地安在自己的脖子上嗎？大風吹倒梧桐樹，自有旁人說短長，要説就讓他們説去吧！』

梁敦彦感激桑治平當年的伯樂之恩，在乾隆爺賜名的都一處設宴，爲桑治平夫婦接風，陳衍、辜鴻銘等人作陪。辜鴻銘現在已做了京師大學堂的教授了，他依舊和過去一樣，隨意談笑，不拘小節。他的中西會通的學問和嬉笑怒駡的性格，在京師大學堂裏很受歡迎。

桑治平和秋菱特意去條兒衚衕尋找當年的肅相府。肅相府會敗落，這是他們早已想到的事，但没

有親身來到條兒衚衕之前，他們絕沒有想到會敗落到如此地步。

眼前已沒有當年肅相府一絲一毫的痕跡，問了幾個二三十歲的年輕人，都搖頭不知道肅順是什麼人，也不知道肅相府在何處。好容易碰到一個六十多歲的老頭子，纔知道這段往事。那年抄肅相府的時候，他就住在衚衕口上。老頭子說，抄了家後，肅相府貼滿了封條，封條上蓋的都是步軍衙門的長印。以後每隔幾個月，便啓封幾間屋。到兩三年後，全部封條都啓了。這裏住進了二十幾户平民百姓。幾十年下來，這些住户餬口尚且不易，哪有閒錢修繕房屋？老頭子帶他們走到衚衕中部，指了指對面說：『這一大片當年都是肅相的舊宅。』

桑治平、秋菱望時，眼前的房屋盡皆灰暗破敗，牆污門朽，瓦縫間、牆頭上到處是雜草枯莖，煙囱傾斜，雜物亂堆，進進出出的幾個人，也都蓬首垢面衣衫襤褸，若不是破爛堆裏那幾棵高大的槐樹被秋菱認出，他們簡直不敢相信老頭子所指的這片地方，就是當年朱柱碧瓦、雕樑畫棟的肅相府！幾隻燕子在一旁人家的屋檐下呢喃叫着，正應了『舊時王謝堂前燕，飛入尋常百姓家』這兩句古詩。歷史又一次驚人相似地重演。

想起這當年與桑治平定情的堂堂相府，一夜之間便遭滅頂之災，不到五十年便敗落至此，秋菱也禁不住悲從中來，淚水簌簌而下。

肅相府今昔之比，更使桑治平加深了對人生的領悟。他想，是到把埋在心裏近五十年的這個大秘密告訴張之洞的時候了，再不說，今生今世就沒有機會了。

翌日晚餐後，張之洞笑着對桑治平說：『仲子兄，我過去寫的詩，你讀過不少。你讀過我填的詞沒有？』

桑治平想了想說：『好像沒見過。』

『你是沒見過。』張之洞點點頭說，『我年輕時也常填詞，進翰苑後，不再填了。前年火車過河南安陽，想起不遠處就是當年魏武帝初封魏公時定都的鄴城，發起少年狂來，填了一闋《摸魚兒》，你有興趣到書房去看看嗎？』

桑治平興奮地說：『那太好了，我要好好欣賞欣賞。』

二人一起來到書房，僕人掌燈上茶，坐定後，張之洞從抽屜裏拿出一張條幅來。桑治平接過一看，果然上面寫着《摸魚兒·鄴城懷古》。他輕輕誦道：

控中原北方門户，袁曹舊日疆土。死胡敢噹生天子，袞袞都如囈語。誰足數，強道是慕容、拓跋如龍虎。戰爭辛苦，讓倥傯追歡，無愁高緯消受閒歌舞。　荒臺下，立馬蒼茫弔古，一條漳水如故。銀槍鐵錯銷沉盡，春草連天風雨。堪激楚，可恨是英雄不共山川住。霸才無主，剩定韵才人，賦詩公子，想像留題處。

『怎麼樣，還過得去吧！』桑治平剛一讀完，張之洞便急着問，那情形就如同一位剛學填詞的新手等待詞壇名家的評判。

『豈止過得去，好得很！』桑治平讚道，『一口氣從曹操到慕容氏、拓跋氏，再到高氏王朝，都數落了一遍。一條漳水如故。爲這些鄴城的匆匆過客作了總結。』

『仲子兄，你是真懂詞。』張之洞撫鬚笑道，『你還看出點別的名堂嗎？』

『有名堂！』桑治平點了點手中的條幅，『這一句「春草連天風雨」，是偷的溫庭筠的「鄴城風雨連天草」。偷得好，一點作案的痕跡都沒留下。』

『自古文人皆是賊，没有不偷別人的。』張之洞哈哈大笑起來。他覺得似乎已有好多年没這樣痛快地笑過了。

『「可恨是英雄不共山川住」。這一句恐怕是這闋《摸魚兒》的詞眼了，我没説錯吧！』

『没説錯。』張之洞收起了笑容。『「大江東去，浪淘盡千古風流人物。蘇東坡這一嘆，將世上一切英雄都嘆得心灰意冷了。仲子兄，不瞞你説，這兩年我心裏就常有這種嘆恨，魏武、拓跋燾是何等的英雄蓋世，都不能共山川而住，何況我張某人！唉，仲子兄，你來了，我纔跟你説説；你不在，能與我説這種話的人都没有呀！』

桑治平已從這番話裏感覺到張之洞的心緒，雖然没有深入交談，他已看到彼此之間的相通之處。

『香濤兄，你猜我昨天到哪裏去了？我和秋菱去條兒衚衕找肅順舊宅去了。』

『你們去懷古了？』張之洞的眼神裏充滿着驚奇。『京城裏可供懷古的地方多得很，爲何要去憑弔肅順？』

『我們不是去懷古，我們是懷舊。舊地重遊，追尋那一段我們共同的刻骨銘心的歲月。』

看着張之洞的眼神由驚奇到疑惑，桑治平揭開了這個凝重的謎底：『香濤兄，你決然没有想到，四十八年前，我曾經是肅府裏的西席，秋菱她是肅府的丫鬟。』

『你這話是怎麽説的？』張之洞張開兩隻大眼睛，多年來缺少神采的眼眸裏射出一絲驚異的光芒。他伸出乾枯的手指來掐了掐：『四十八年前是辛酉年，也就是文宗爺升天的那一年，你那時正在肅府？』

『是的。』桑治平平静地説，『我那時不僅正在肅府，我還隨着肅順去了熱河。肅順等八人受顧命

之後最早發出的幾道摺子，都是我擬的稿。』

張之洞盯着桑治平，仿佛望着一個陌生人似的，仔細地從上到下看了一遍。肅順爲他的幾個公子請過不少先生，在肅府做過西席不算奇怪，張之洞的好友王闓運就任過此職。肅順出事後，王闓運還特爲到京師去看望肅順的兩個兒子，送了一千兩銀子給這兩個昔日的學生。但隨同去熱河並在顧命大臣與兩宮爭鬥的時期，爲肅順擬稿，這種西席就非比一般。浮過張之洞腦子裏的第一個想法是，儻若當年肅順一派勝了的話，眼前的這個布衣老友就不知又是一種什麽樣的處境了。

『這麽多年了，從未聽你吐過半個字。』張之洞的心中異常感慨。『那麽，子青老哥知道嗎？你對他説起過嗎？』

『没有。』桑治平淡然一笑。『如果他知道，他一定會告訴你的。』

『那你爲何不告訴我呢？』張之洞有點氣沮地説，『你是不相信我嗎？』

『没有告訴你，是因爲我一直在想，應當選一個什麽時候告訴你纔最好。』桑治平的臉上現出一縷苦笑。『若不相信你，我現在也可以不告訴你。』

張之洞點了點頭：『那你就對我説説當時的情況吧。你是怎樣離開肅順的，你和秋菱是在肅府相愛的，還是後來到香山去見到她時纔動的心？一晃近五十年，已成歷史了，連太后都作了古，不須忌諱什麽了，都説給我聽聽吧。我想，這一定是極好聽的故事。』

張之洞的語氣中似乎帶有點央求似的，仿佛一個小孩子正在懇請長輩給他道往事，説掌故。

『好，這正是我這次北上的一個最重要的內容。我們慢慢地説吧，今天説不完，明天再接着説，衹要你想聽，我什麽都可以説。』

『你說吧！』張之洞將書桌上的一沓紙推向一旁，兩隻手擱在桌面上。他覺得這樣舒服些。『自從上次得病以後，我對我眼前的事反而無多大興趣了，我的興趣更在對往事的回憶咀嚼上。你說吧，關於你所經歷的那些事，你的生活體驗，我什麽都喜歡聽。』

於是，桑治平對老朋友慢慢地說起來。在摯友面前追憶往事，這其實也是他自己所樂意做的事。像小溪淌水似的，桑治平平和寧靜地聊起他如何走出洛陽前往京師應試，落第後又如何經王闓運推薦進肅府做西席，在肅府時如何與秋菱兩心相印。他繪聲繪色地描叙四十八年前那場決定大清命運的宮廷政變，講肅順等八大臣失敗後的心緒，講肅府被抄，講自己的壯遊天下，講在虎丘賣畫結識張之萬，最後定居古北口，而眼睛却一直盯着長安天街。

就這樣，桑治平和張之洞接連談了三個晚上，掌燈説起，夜深而罷。桑治平傳奇般的經歷，給張之洞的心靈以深深的撞擊。他一向認爲自己是天下最優秀的人才，一生所得盡皆自己奮鬥而來。現在面對着這位老朋友，他開始對此不那麽自信了。要説資質秉賦、目光見識、辦事能力等等，自己並不比桑治平强多少，若説堅定執著、篤於情義，則遠不如他，至於他的繪畫才華，則更是望塵莫及。看來解元探花、督撫宰輔的錦綉歷程，大概多半是來於運氣。他的腦子裏突然冒出曾國藩的一段名言來：『不信書，信運氣，公之言，傳萬世。』看來，這位老於世故者的這十二字箴言，倒真是閱歷之得，悟道之語！

『仲子兄，你那年爲何要堅決地離開我，除開仁梃遇難這件事外，還有別的原因嗎？』

桑治平説：『仁梃的遇難，將我的設想打破，同時也使我突然悟到生命的短暫和脆弱。事業並非自己能全盤把握，而個人的生活却完全可以自己作主。秋菱對我的愛使我感激，我對她的情也是我一

生的真心，而對着這麽短暫而脆弱的人生，我爲什麽還要把全副心思都放在自己不能完全把握的事業上，而讓真愛實情在怨闕中白白流失？所以，我毅然決然地學習陶朱公，要不顧一切，携我所摯愛之手，泛舟五湖，歸隱海隅。』

張之洞被這番話所深深打動。他好像看出了他們之間的最大差別，就是在做事做人這一檔子上。他這七十年來的人生經歷，尤其是給他帶來輝煌的這三十年，似乎用『做事』二字便可全盤包括。至於做人這方面，尤其是夫妻之愛、家庭之情、手足之誼、朋友之義等等，很少去想過，也很少去體驗其間真味。

幾十年來，仿佛做了事業的奴隸，而遺忘了人生的真趣。這難道就是輝煌的成功的人生嗎？

張之洞被自己的疑問所問倒。他有點後悔起來：這一問怎麽問得如此之遲！

『仲子兄，咱們在一起合作了十多年，也辦了許多實事。你認爲這些事，能對國家和老百姓有多大的實效嗎？』

湯化龍等人對湖北鑄造銅元的指責這件事，給張之洞的心靈造成很大的陰影。他從來都認爲自己辦的全是有利國計民生的實事，是國家和百姓的功臣。鑄銅元造成物價上漲十倍的事實，使他開始反省起來，他對自己的所作所爲也不敢那樣自信了。

『你這些年來辦事不易！』桑治平沒有直接回答他的所問，把話題錯開去。

『你這話是真的知心之言。』張之洞感嘆道，『病榻上，我曾經把外放晉撫以來這三十年間所作所爲，作了細細的回顧，發現除開在太原期間還略有點閒暇外，在廣州，在武昌這二十多年裏竟無一刻安寧，不祇是忙，更是累，形累尚次之，心累更令人痛苦，幾乎有每日都在荆天棘地間行走似的感

覺。』

『是啊！』桑治平淺淺一笑。『我是陪着你在荆棘中走了十四五年。』

『你走後的這十多年更不好過。』

『我知道，念礽常有信來。』桑治平同情地望着老友。『叔嶠遭難，袁昶被害，對你的心創傷很大。鐵廠的被迫轉給盛宣懷，織布局的貪污案，外加端方等人的不友好，對你都有很深的刺激。外人看你轟轟烈烈辦大事，我知你其實是孤獨的。你的許多良苦用心不爲人所理解。你耗盡心血在拚搏，你做的許多事，都是別人不能做不想做，或者説不敢做的事。』

這幾句話説得張之洞身上的血熱了起來。多少年來，他從來没有聽到如此貼心知己的話。他很想將雙手伸過去，緊緊地抱住這位布衣摯友，但他已没有這個氣力了。

『仲子兄，我爲自己這二三十年做了這樣一個總結：大抵所做之事，皆非朝廷意中欲辦之事；所用之錢，皆非本省固有之錢；所用之人，皆非心悅誠服之人。』

『是的，因爲你所做的事，皆非中國傳統治國術中所規範的，你開創的是一片新天地。經營這片新天地，你既缺錢，又缺人。』

『但是費力不討好，有很多人在駡我。』張之洞的神情又顯得沮喪起來。

『你説的也不錯，是有不少人指責你。』

『他們指責我些什麽呢？是不是也像户部那樣，説我張某人專門糜費朝廷銀錢？』

『當然有很多人説你糜費了銀錢，但這還不是主要的。許多人批評的是你辦的這些洋務没有收到實效。鐵廠出來的鋼鐵没有用來造高樓大厦，紗布蔴絲四局没有使湖北的布匹便宜，水電火車老百姓享受不起，至於槍砲廠造出來的槍砲雖多，洋人還是照舊打進北京，帝后還得離京出逃，並没有看到漢陽造的槍砲發揮作用。嚴復前不久在天津的報紙上發表文章，説你的「中學爲體，西學爲用」不通。他説體與用不能分開，比如説有牛之體乃有負重之用，有馬之體乃有致遠之用，未聽説以牛爲體，以馬爲用的。』

『中體西用』雖不是張之洞的發明，却是通過他的《勸學篇》而傳遍四海，又在他的洋務局廠中得到實踐，是張之洞晚年視爲一生對國家的最大貢獻。現在居然遭到嚴復如此的挖苦嘲弄，是可忍孰不可忍！若是在前些時候，張之洞必定會拍案而起，勃然大怒。然而現在，他依舊頹坐在鬆軟的藤椅上，衰病讓他失去發怒所需要的體力，湖北洋務見效甚微，也讓他失去了發怒所需要的底氣！

『香濤兄，我説的這些讓你生氣了吧？』看着老友面無表情，如一段朽木似的呆癡之態，桑治平爲剛纔這番直言後悔起來。

『没什麽！』張之洞打起精神説，『我倒是想見見這位嚴復，聽聽他的意見，中國今後到底該如何辦。是全盤接受西學，完全不要自己的中學呢？還是依舊全用自己的中學，一概不用西學。我這腦子是老朽不中用了，除中體西用外，我想不出更好的辦法！』

『如果我們换一個角度來看，就不必把嚴復的指責看得太重。』桑治平實在不願意太刺傷了這位努力做事的實幹家。

『我想聽聽你的下文。』

『嚴復是從邏輯學的角度看「中體西用」，纔有體用不能分開的觀念。其實，任何一種事物都可以從多種角度去看。換個角度，所見便不同。古人所謂移步換形，説的就是這種現象。你是官員，辦的

是衆人之事。治衆人之事也是一種學問。西方稱之謂政治學。』

『政治學？』張之洞對這三個字很陌生。

『政治學這個名稱，我們的典籍上不曾有過。但政治二字，古人還是用過的。《説苑》上就有「政治內定，則舉兵而伐衛」的話，意爲國事政務的治理。祇是這兩個字，後來却不常用了。』

『我與劉峴帥會銜的第一摺便用了「政治」二字。』張之洞想了一下説，『摺名叫做《變通政治人才爲先遵旨籌議摺》。』

『對對，正是這兩個字。』桑治平連連點頭，繼續説，『若從政治學來看，你的「中體西用」便是一個極高明的謀略。我知道你這句話的「眼」在西學上，目的是要推行西學。你明白，這種推行要變成衆人的行爲，纔有實際效果。若是都反對，推行云云，便祇會是空想。中學在中國盛行兩千多年，根深蒂固，深入人心。若一旦全拋，或者把它貶低，反對西學的人不要説了，即便贊同西學者，在心理上也難以接受。現在，你説中學是本源，是主體，西學不過爲我所用罷了，反對西學者不好説什麽，贊同西學者也可以容納。眼下中國的當務之急，不是先在邏輯上去辯個一清二楚，而是要趕快把西學引進來，先做起來再説。對於這樣一樁從未實行過的新鮮大事，儘量減少反對，減少阻力，爭取最大多數的理解支持，纔是最重要的。你是政治家，圖的是國强民富。嚴復是邏輯家，圖的是學理縝密。角度不同，所見則不同。説句實在話，我更傾向你的實用，並不太欣賞嚴復的推理。所以，戊戌年我便説過，「中學爲體，西學爲用」這八個字，後世當用黃金鑄造。其道理就在於此。』

『高山流水識知音。仲子兄，你纔是「中體西用」的真正知音！』説了半天話，張之洞的眼光中這時纔見一點神采。

『嚴復雖詰難你，但没有惡意。批評你的人中還有另外一類，他們心懷叵測。』

張之洞被桑治平這句話吊起了胃口。

『這類人的目的，是在推翻朝廷。他們怕的是那些忠心耿耿爲國家爲朝廷的官員，甚至恨那些清正廉潔實心實意爲百姓辦事的官員，因爲大清這樣的官員多，大清的江山就牢固，他們要想推翻就困難。他們巴不得大清的官員個個糊塗混賬，人人貪污中飽。如此，推翻朝廷就容易多了。要説他們心中全無是非，也不對，待到他們上臺後，他們同樣要褒善貶惡激濁揚清，祇是現在不擇手段罷了！』

張之洞長長地嘆了一口氣，説：『我張某人，現在不幸成了他們的絆脚石，他們自然要掃掉我。想想也可理解，祇是他們不要歪曲我，誣陷我就行了。』

『千秋功罪，自有後人評説。』桑治平勉强安慰道，『辦洋務，這件事總是做得對的。風氣一開，不怕没有後繼人，眼下雖收效不大，今後總可見實效的。洋務可强泰西，就一定可强中國。這點信心你應該堅持。』

老友的話給張之洞以鼓勵，抑鬱的心情開朗了許多。

『這看來是個絶大的題目，我們再慢慢聊吧！仲子兄，我近日有個想法，想編一部詩集，將舊日好友如今已歿世者的詩作彙集刊刻，藉以寄託思念，並讓他們的詩作能藉此保留傳世。名字就叫懷舊集。』

『這是好事，人選哪些人？』

『我想了幾個，你再幫我補充。』張之洞掰着指頭數着，『徐建寅、蔡錫勇、寶廷、張佩綸、袁昶、楊鋭。』

『楊銳』，桑治平聽到這裏，心頭猛地跳了一下，一張總是帶着笑意的娃娃臉又浮上腦海。一個多麽優秀的青年才俊，一心一意爲國家的强盛，竟然無端做了菜市口的無頭鬼。桑治平由此看出老友心靈深處的情感。或許，這部懷舊集純是爲了懷楊銳而編，衹是爲了不至於太顯眼，纔把徐、蔡、寶、張等人也拉進來。

桑治平説：『我在京師也没多少事做，徐建寅、蔡錫勇、楊銳，也都是我的朋友，這部懷舊集就交給我來編吧，就算我們一道來懷念舊日的朋友。』

『好。』張之洞臉上現出難得的一絲笑容。『我們所能做的，也僅此而已！』

六　他説，他一生的心血都白費了

這以後的一段時間裏，張之洞基本上不再過問軍機處的事，每天大部分時間和桑治平聊聊天，審覈他所選編的懷舊集。病雖未好，但大致穩定下來，衹是精力愈來愈不支了。他常常整夜整夜睡不着。睡不着的時候，往事便會自然而然襲上心頭，揮之不去，欲罷不能。桑治平的一番懇談强烈地震動了他。他有時會覺得委屈，有時又覺得有道理，有時對自己的一生感到滿意，有時又認爲自己毫不足道。

這天午後，宫中來人傳達載灃的口諭：明天在軍機處商討給事中高潤生彈劾津浦鐵路總辦李德順貪污事，相國熟悉鐵路事宜，若身體可支，請進宫一議。

次日上午，張之洞按時進宫來到軍機處值廬。那桐已先入值等候。一會兒，載灃也來了，一副匆匆忙忙的神態，剛坐定，跟張之洞略爲寒暄兩句，便將高潤生的彈章遞給他，請他看後再給那桐看。

高潤生的彈章説，天津道兼津浦鐵路總辦李德順，在與英德銀團簽訂的九百八十萬英鎊貸款協定中，損傷了國家和直隸江蘇兩省紳民的利益。通常向外國銀行貸款年息爲五厘，李德順簽訂的年息爲五厘五，僅此一項便每年應多付英德銀團四萬九千英鎊。另外，協定中註明以九折付款，其中九十八萬英鎊實際上並没有借出，但還款時又按九百八十萬計算。直蘇兩省士紳對此事反響極大，認爲李德順若没有接受英德銀團的好處，决不會如此公然出賣國家利益，李德順貪污是絶對無疑的。津浦鐵路督辦大臣吕海寰縱容李德順，應爲同案犯，請朝廷撤掉李德順、吕海寰職務，以平直蘇兩省民憤。

張之洞將彈章看完遞給了那桐。

載灃説：『老相國親手辦過蘆漢鐵路和粤漢鐵路，對與外國銀行簽約事宜熟悉。依您看，高潤生的彈劾有没有道理？』

張之洞説：『光緒二十六年，經朝廷同意，委託駐美國公使伍廷芳出面，與美國合興公司簽訂了一個借款條約，規定年息五厘，以九折付款。後經有識之士指出，這中間大有弊端，結果廢除了。以五厘付息，都被認爲高了，那麽五厘五顯然不合理，九折付款也極無道理。高潤生的彈劾是對的。李德順、吕海寰必定與英德銀團勾結，從中貪污了巨款。依老臣之見，宜先革掉李、吕二人之職，查實後予以定罪。』

載灃説：『老相國所説極有道理。我問了一些人，都與老相國所見相同，李、吕二人即行革職。衹是津浦鐵路動工在即，督辦、總辦大臣不可缺位，老相國看何人可補此缺？』

張之洞説：『容老臣回去後仔細想想，過兩天再稟報攝政王。』

載灃説：『洵貝勒提出一個人，説他曾經辦過蘆漢鐵路，可讓他來補津浦鐵路督辦大臣的缺。這

個人便是榮府上的二爺長麓。老相國，你看如何？』

長麓這個人，張之洞當然知道。在王文韶任直督期間，他做過一段時期的蘆漢鐵路北段的總辦。他與長麟雖是親兄弟，却遠没有兄長的出息。他不但根本不懂鐵路，且又懶又貪，輿情很不好，王文韶礙着榮禄的面子一直保護着。後來一樁貪污大案牽涉到他的頭上，實在保不住了，纔被開缺回家喫閒飯。這樣一個名聲很不好的紈袴子弟，載洵爲何要薦舉他，載灃又爲何要用他呢？張之洞想起早幾天，鹿傳霖説的一樁事來。鹿傳霖説，海軍大臣的缺，載灃一直還定不下來。長麟雖然增加了鹿、張的支持，但洵貝勒硬是不放手。醇王府的老福晉劉佳氏是個頑悍的婦人，她威脅載灃，若不讓老六做海軍大臣，她就死在他的面前。劉佳氏是載灃的生母，她這一威脅，載灃就怕了。最近，他們兄弟謀求另一個解決的辦法，即除陸、海兩部外，其它部任長麟挑一個，然後再補長麓一個肥缺，據説瓜爾佳氏和榮府都勉强同意了。原來，這個肥缺就是津浦鐵路督辦大臣！

都説太后死後，滿洲親貴攬權野心急速膨脹，看來事實的確如此。親貴掌權不是説全不對，但也要能拿得下，比如長麟長海軍，還可説得過去，但讓長麓出任津浦督辦大臣，無論如何是不行的。權力交易不能這樣進行！

『王爺，長麓當年辦蘆漢鐵路時名聲很不好，輿情不洽。』

載灃臉色暗了下來：『那是過去的事，改了就好。』

『王爺，貪斂錢財，這是本性，改也難。』張之洞急了。『津浦鐵路除借洋款外，直蘇兩省士紳都集了股份，長麓有貪名，他們會不放心的。王爺，長麓去津浦不妥。』

載灃的臉色由暗到黑：『朝廷任命的官員，不放心也得放心。』

張之洞對載灃如此態度極爲不悦，冷冷地回了一句：『若如此，會招致紳民激變！』

『激變！』載灃刷地站了起來。『他們敢？朝廷有兵哩！』

説罷，拂袖走出值廬。

朝廷有兵，這是什麽意思？紳民拒絶接受一個貪官，難道也要派兵去鎮壓他們？堂堂一個監國，怎麽昏聵至此！

張之洞望着載灃匆匆外出的脚步，跌足嘆道：『不意聞亡國之音！』

一句話剛説出口，一股濃血在胸腔裏奔湧躁動着，直衝破喉嚨噴出嘴外，眼前一片昏黑，張之洞驀地倒在值廬裏，什麽都不知道了。

『老相國！』那桐被眼前這一幕嚇住了，聲音凄慘地喊道。

剛出門外的載灃聽到聲音不對，忙扭過頭來，見狀後也大驚。軍機處的章京們都圍了過來，將張之洞擡上炕床。載灃吩咐那桐：『你在這裏守着老相國，打發一個人去叫太醫院的大夫，待老相國蘇醒後即送回家。我還有要緊事急着辦，這裏就交給你了。』

在太醫院大夫的搶救下，半個時辰後，張之洞醒了過來。待送到家時，天已快黑了。

桑治平見狀，忙叫仁權拍電報到武昌，叫仁侃夫婦、準兒夫婦及仁實趕快來京。

陳寶琛、梁敦彦、辜鴻銘、陳衍等人得知張之洞咯血軍機處的消息後，也相繼來到張府。在御醫的精心調理下，三四天後，張之洞的病情已略有好轉。

中秋節那天，爲讓父親高興，張仁權將在京的所有父親的朋友都請到家來，大家賞月飲茶，有説

有笑。張之洞也在天井裏坐了一會，與客人們一起欣賞夜空中的那一輪明月。

張之洞對衆人說：『我此刻最思念着一位朋友，很想見見他，但不知他眼下在何處。你們誰猜得出，他是誰嗎？』

大家都猜不出此刻最讓張之洞思念的這個人是誰。衹有桑治平心中有數：『是不是吳秋衣？』

『正是。』張之洞欣慰地說，『還是仲子知我心。秋衣飄蕩一生，也瀟脱一生，他可以想怎麽活法就怎麽活法，比起我來，要强過百倍！』

桑治平說：『讓我們一起將蘇東坡的兩句詞送給他吧！』

仿佛心有靈犀，兩人不約而同地唸道：『但願人長久，千里共嬋娟。』

衆人都說：『還是東坡居士説得好，今夜有多少人都是明月共賞而人不能見面，衹有互致祝福了。』

人們都爲張之洞渡過了這一難關而高興，不料數日後他的病情陡轉，終於不可挽回。

宣統元年八月二十一日上午，張之洞忽覺精神很好，他叫大根拿幾張報紙給他看看。大根找出幾張送了過來，張之洞戴上老花眼鏡慢慢翻閲。突然，一則消息引起了他的注意。消息説，漢冶萍公司召開第一次股東大會，並組成理事會，董事會共推盛宣懷爲總理。又說，漢冶萍公司自光緒三十三年冬天新建一號、二號平爐開爐以來，生産蒸蒸日上。所煉鋼鐵品質純净，含磷量衹有百分之零點一二。每日出鋼六千噸，産品遠銷日本、美國。國内各鐵路公司紛紛向該公司訂購鋼軌，該公司目前已集商股一千萬元。張之洞正爲漢冶萍公司的興旺發達而歡喜的時候，不料文章變了調。接下來說，漢冶萍之所以有今天，全是因爲盛宣懷經營有方。盛宣懷以能去磷的馬丁平爐替代不能去磷的貝塞麥轉

爐，提高鋼的質量，又以萍鄉煤取代開平煤，降低成本。除開這兩項衆所周知的重大措施外，更爲關鍵的是原經辦人死抓官辦不放手，將漢陽鐵廠、大冶鐵礦辦成了衙門，違背辦洋務的根本原則，致使内部混亂，腐敗成風，全賴盛宣懷將西方企業管理方法引進公司，以商代官，纔使鐵廠、鐵礦起死回生，從而創造出今天舉世矚目的成就。

張之洞看到這裏，心裏虚恐起來。文章雖没點他的名字，但明眼人都知道，批評的正是他張之洞。是他張之洞不懂科學，武斷專横，拒絶化驗鐵礦石，致使煉鐵爐和礦石不能配套，造成鋼鐵質量差。也是他張之洞眼裏衹有官府而没有商人，拿官場的一套來辦洋務局廠。

張之洞不得不承認文章寫得有道理，也不得不承認盛宣懷比他有本事。但作爲漢陽鐵廠、大冶鐵礦的創辦人，張之洞有一種極大的委屈感。這種委屈感令他痛苦，也使他心灰。

張之洞擦了擦昏花的雙眼，定定神後又不自覺地翻開了報紙。突然間，他驚呆了。原來他的眼前赫然現出這樣的題目：海外革命黨要給張之洞頒發大勛章。他急切地看着正文：

近日，同盟會在東京集會，該會協理黄興在會上笑道：他要給他的老師前兩湖書院名譽山長湖督張之洞，鑄造一枚百噸黄金的大勛章，以獎勵其爲革命所作出的重大貢獻：第一，張用官費資送三千名湖廣留日生，此中半數成爲革命黨骨幹；第二，張建造的漢陽槍砲廠爲革命黨準備充足的武器，革命黨將接過他的漢陽造驅逐韃虜，恢復中華。

張之洞看到這裏，兩眼頓時一黑，哇地又吐出一口血來。張府上下一片慌亂，大夫握着他的手，半天找不到脈息，遂悄悄地將大公子拉到一旁說：『老相國怕是不行了，快去請攝政王來一下。』

掌燈時分，載灃終於來了。張府内外已是一片肅静，悲痛沈重地壓在每個人的心頭。大家無聲地

給攝政王讓路。

載灃一臉戚然，來到張之洞的病榻前，坐下，望着面如死灰、雙目無神的大學士，輕輕地說：

『老相國公忠體國有名望，好好保養。』

張之洞聲氣微弱地說：『公忠體國四字，老臣不敢當，廉政無私，則勉强可説得過去。』

『廉政無私』，老頭子是不是在譏責我用長麓是徇私呢？載灃想到這裏，一時語塞，不知道再要說些什麼了。本來今天夜裏，因新任津浦鐵路督辦大臣長麓已與英德銀團簽好了貸款條約，英德銀團在六國飯店舉辦一場隆重的酒會。載灃要去參加這個酒會，本不想來張府，衹是聽仁權說，老人家很可能過不了今夜，纔勉强來了。他心裏急着去六國飯店，便說：『英國和德國銀團在今夜有一個會議，關係到千萬英鎊的貸款大事，我必須參加。老相國好好保重，改日我再來看你。』

張之洞雖感到命如遊絲，但頭腦還是清醒的。在得病之後，他就想到自己今日位極人臣，擔負着燮理陰陽輔佐君王的重任，大限將至之時，應當倣傚古人的榜樣爲君王舉薦傳人，以便薪盡而火傳。這是所有賢明的宰相爲君王所做的最後貢獻，也是他張之洞爲報答皇恩的最後一着。爲此，他想了幾個人，在他死後可以讓排首位者補他的遺缺。此時，他多麽希望載灃能像當年的漢惠帝，而他則是蕭何。

可是，這個攝政王居然把一千萬英鎊看得比他還重，居然没有向他詢問這等國家大事。張之洞徹底失望了，他微微地閉上眼睛，不再理睬載灃。

載灃悄悄地退了出來，出門上轎走了。一直呆在門邊的宣統帝師陳寶琛急忙進來問：『監國說了些什麼？』

張之洞張開眼睛，看着當年的清流摯友，而今的三歲皇帝之師，萬千話語湧上心頭，却不知從何說起。他也無力說什麼了，衹是長長地嘆了一口氣：『國運盡矣。』

說罷，又閉上了眼睛。

深夜，張之洞再次從昏迷中醒過來，四周望了一遍。仁權知道父親將要留下遺言了，帶着衆弟妹子侄走上前來，彎腰聆聽。衹見張之洞一字一頓地輕輕說道：『人總有一死，你們無須悲痛。我生平學術治術，所行者，不過十之四五，所幸心術則大中至正。爲官四十多年，勤奮做事，不謀私利。到死，房不增一間，地不加一畝，可以無愧祖宗。望你們勿負國恩，勿墜家風，必明君子小人之辨，勿爭財産，勿入下流……』

見父親意似未盡，但却没有再說下去了，仁權含着眼淚說：『父親放心，兒孫們將謹記您的教誨！』

守候在四周的親人友朋都以爲張之洞已過去了，不料，過一會，他的嘴唇又動了起來：『仲子兄……』

『桑先生，家父請您過去！』仁權對站在張家子孫後面的桑治平說。

桑治平走了過來，握起老友的手說：『香濤兄，我來了。』

張之洞看着桑治平，眼中似有無限的眷戀和遺憾，好久，纔囁嚅着，但已發不清聲音了。桑治平將耳朵貼近他的嘴唇，努力地聽着。待張之洞的嘴唇閉住，仁權問：『桑先生，家父說了些什麼？』

桑治平心緒沈重。他擡起頭來，猛然發現在張之洞卧榻邊的墻上，高高地懸掛着《古北口長城圖》。

第二十一章　臨難中蘇

這幅由桑治平精心構思繪製的名畫，自從光緒七年走出古北口後，一直隨着張之洞從太原到廣州，從廣州到武昌，想不到，它今天居然又掛進了北京的相府。二十八年來，它歷經時光消磨、歲月侵蝕，却依舊完好無損，色彩如新。畫面上的長城還是那樣蜿蜒蒼挺，城樓還是那樣高聳雄奇。然而，它的主人却已經走到了生命的盡頭。更爲可嘆的是，當年對着古北口立下宏誓的疆吏初膺者，爲着自己的人生目標，在努力奮鬥二十八個春秋後，却是如此心灰意冷。桑治平實在不想把他所聽到的張之洞留給人世的最後一句話說出來，經不住仁權的再次詢問，衹得低沈地開了口：『他說，他一生的心血都白費了。』

大家的心頭全都像壓上一塊厚重的石板，一時間無法分辨：這究竟是一位事功熱中者失望後的激憤之辭呢，還是一位睿智老人對亂世人生的冷峻思索？

一九九六年十二月六日——二〇〇〇年七月二日

初稿於長沙靜遠樓

二〇〇一年二月四日

定稿於臺北天人合一廬